iEdutainments Limited
The Old Post House
Radford Road
Flyford Flavell
Worcestershire
WR7 4DL
England

Company Number: 7441490
First Edition: iEdutainments Ltd 2014
Copyright © Rory Ryder 2014
Copyright © Illustrations Rory Ryder 2014
Copyright © Coloured verb tables Rory Ryder 2014

The Author asserts the moral right to be identified as the author of this work under the copyright designs and patents Act 1988.

English Version

Illustrated by Andy Garnica

All rights reserved. No part of this publication may be reproduced, stored in a retrieval system, or transmitted, in any form or by any means, electronic, mechanical, photocopying, recording or otherwise, without the prior permission of the publishers.

LEARNBOTS
LEARN 101 DUTCH VERBS IN 1 DAY
with the LearnBots

by Rory Ryder

Illustrations Andy Garnica

Published by:

iEdutainments®

Introduction

Memory

When learning a language, we often have problems remembering the (key) verbs; it does not mean we have totally forgotten them. It just means that we can't recall them at that particular moment. So this book has been carefully designed to help you recall the (key) verbs and their conjugations instantly.

The Research

Research has shown that one of the most effective ways to remember something is by association. Therefore we have hidden the verb (keyword) into each illustration to act as a retrieval cue that will then stimulate your long-term memory. This method has proved 7 times more effective than just passively reading and responding to a list of verbs.

Beautiful Illustrations

The LearnBot illustrations have their own mini story, an approach beyond conventional verb books. To make the most of this book, spend time with each picture and become familiar with everything that is happening. The Pictures involve the characters, Verbito, Verbita, Cyberdog and the BeeBots, with hidden clues that give more meaning to each picture. Some pictures are more challenging than others, adding to the fun but, more importantly, aiding the memory process.

LearnBots Animations and audio

Can be viewed for FREE on the LearnBots app.

Keywords

We have called the infinitive the (keyword) to refer to its central importance in remembering the 36 ways it can be used. Once you have located the appropriate keyword and made the connection with the illustration, you can then start to learn each colour-tense.

Colour-Coded Verb Tables

The verb tables are designed to save you further valuable time by focusing all your attention on one color tense allowing you to make immediate connections between the subject and verb. Making this association clear and simple from the beginning will give you more confidence to start speaking the language.

Master the Verbs

Once your confident with each colour-tense, congratulate yourself because you will have learnt over 3600 verb forms, an achievement that takes some people years to master!

So is it really possible to "Learn 101 Verbs in 1 Day"?

Well, the answer to this is yes! If you carfully look at each picture and make the connection and see the (keyword) you should be able to remember the 101 verb infinitives in just one day. Of course remembering all the conjugations is going to take you longer but by at least knowing the most important verbs you can then start to learn each tense in your own time.

Reviews

Miss Emma Pullen - DWR - Y - FELIN Comprehensive
"A great opportunity for pupils to see at a glance the conjugation of a verb in all its tenses. This book takes the hard toil out of dictionary work, whilst injecting fun in the processes."

Susana Boniface - Kidderminster College
"Beautifully illustrated, amusing drawings, guaranteed to stay easily in the mind. A very user friendly book. Well Done!"

Lynda McTier - Lipson Community
"No more boring grammar lessons!!! This book is a great tool for learning verbs through excellent illustrations. A must-have for all language learners."

Christine Ransome - Bearwood College
"A real gem of a linguistic tool which will appeal to both the serious scholar and the more casual learner. The entertaining presentation of basic grammar is inspirational, and its simplicity means more retained knowledge, especially amongst dyslexic language scholars."

Tzira Correia - St Benedict's School, Senior School
"The book allows students to learn how to conjugate verbs in an enjoyable way. Many verbs used everyday in the target language are mentioned. The colours and pictures play a very important role in the learning of the verbs." Well done!

Julie Geib - Newborough School
"Verbs are brought to life in this book through skilful use of humorous storytelling. This innovative approach to language learning transforms an often dull and un-inspiring process into one which is refreshing and empowering."

Pamela Davies - Lingualink Rhyl N.Wales
"This book has helped in increasing the necessary fun-side of language learning, whilst simplifying the comprehension of the various tenses. Adult students with all levels of learning ability have enjoyed and benefited from this modern, fast-moving book."

Dr. Josep-Lluis González Medina - Eton College England
" After a number of years in which educational trends favoured oral fluency over grammatical accuracy, it is encouraging to see a book which goes back to basics and makes learning verbs less daunting and even easy. At the end of the day, verb patterns are fundamental in order to gain linguistic precision and sophistication, and thus should not be regarded as a chore but as necessary elements to achieve competence in any given language. The colour coding in this book makes for quick identification of tenses and the running stories provided by the pictures are an ideal mnemonic device in that they help students visualize each verb. I would heartily recommend this fun verb book for use with pupils in the early stages of learning and for later on in their school careers. It can be used for teaching but also, perhaps more importantly, as a tool for independent study. This is a praiseworthy attempt to make verbs more easily accessible to every schoolboy and girl in the country. "

S Reynes - Cheney School
"It's an ideal way for students who have a visual memory and it's very clear so students can be more independent and use this book with confidence both at home and in class."

Mr W A Jefferson - Scarborough College
"A colourful novel resource which captured students' attention; both intriguing the more able and reinforcing learning for all students."

Janet Holland - Moorland School
"The layout is clear, simple and unfussy, with lively colours and funny illustrations. The page is planned logically, in a memorable and intelligent way and the verbs are also colour coded, with no unnecessary frills."

Rosemary Gomez - Queens College London
"The colour tables are a good idea and help the students recall the tenses. The students enjoy being asked to learn colour tenses and random verbs. Therefore I can say truthfully that the book improved their knowledge of the verbs. Overall a fun departure from the usual verb list."

Dr. Ben Bollig - University of Westminster
"A very attractive and lively approach to verb learning. This book is an excellent tool for beginners and makes one of the most difficult aspects of language learning simple and straightforward."

User guide

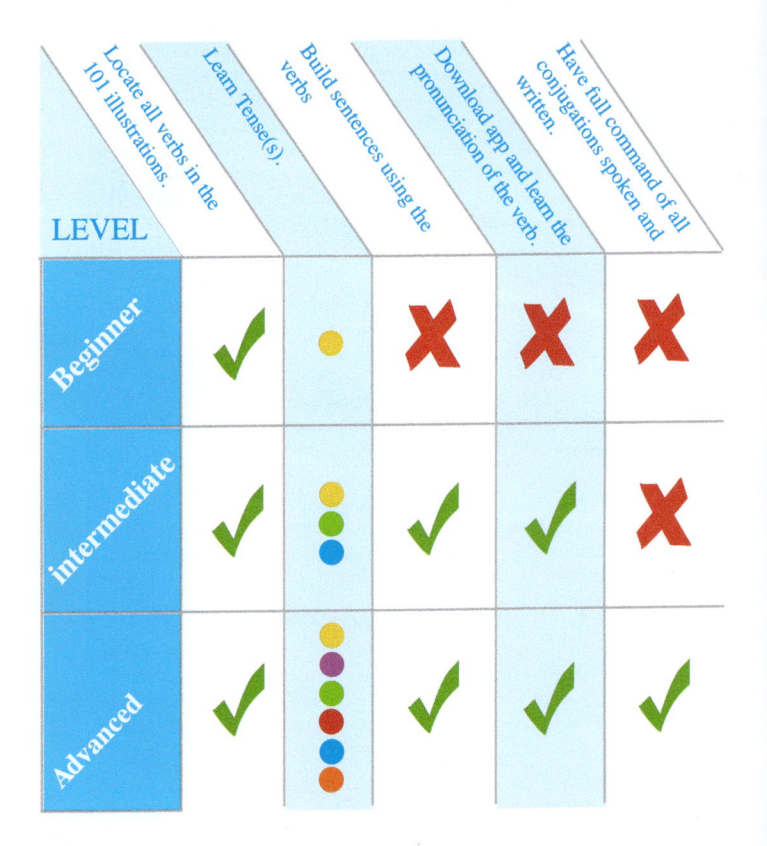

LEVEL	Locate all verbs in the 101 illustrations.	Learn Tense(s).	Build sentences using the verbs	Download app and learn the pronunciation of the verb.	Have full command of all conjugations spoken and written.
Beginner	✓	●	✗	✗	✗
intermediate	✓	●●●	✓	✓	✗
Advanced	✓	●●●●●●●	✓	✓	✓

to arrest — arresteren

	Present Simple	Past Simple	Present Perfect	Past Perfect	Future Simple	Conditional
Ik	arresteer	arresteerde	heb gearresteerd	had gearresteerd	zal arresteren	zou arresteren
Jij u	arresteert	arresteerde	hebt gearresteerd	had gearresteerd	zult arresteren	zou arresteren
Hij / zij	arresteert	arresteerde	heeft gearresteerd	had gearresteerd	zal arresteren	zou arresteren
Wij	arresteren	arresteerden	hebben gearresteerd	hadden gearresteerd	zullen arresteren	zouden arresteren
Jullie	arresteren	arresteerden	hebben gearresteerd	hadden gearresteerd	zullen arresteren	zouden arresteren
Zij	arresteren	arresteerden	hebben gearresteerd	hadden gearresteerd	zullen arresteren	zouden arresteren

www.learnbots.com

to arrive — aankomen

	Present Simple	Past Simple	Present Perfect	Past Perfect	Future Simple	Conditional
Ik	kom aan	kwam aan	ben aangekomen	was aangekomen	zal aankomen	zou aankomen
Jij u	komt aan	kwam aan	bent aangekomen	was aangekomen	zult aankomen	zou aankomen
Hij / zij	komt aan	kwam aan	is aangekomen	was aangekomen	zal aankomen	zou aankomen
Wij	komen aan	kwamen aan	zijn aangekomen	waren aangekomen	zullen aankomen	zouden aankomen
Jullie	komen aan	kwamen aan	zijn aangekomen	waren aangekomen	zullen aankomen	zouden aankomen
Zij	komen aan	kwamen aan	zijn aangekomen	waren aangekomen	zullen aankomen	zouden aankomen

to ask (for) — vragen

	Present Simple	Past Simple	Present Perfect	Past Perfect	Future Simple	Conditional
Ik	vraag	vroeg	heb gevraagd	had gevraagd	zal vragen	zou vragen
Jij u	vraagt	vroeg	hebt gevraagd	had gevraagd	zult vragen	zou vragen
Hij / zij	vraagt	vroeg	heeft gevraagd	had gevraagd	zal vragen	zou vragen
Wij	vragen	vroegen	hebben gevraagd	hadden gevraagd	zullen vragen	zouden vragen
Jullie	vragen	vroegen	hebben gevraagd	hadden gevraagd	zullen vragen	zouden vragen
Zij	vragen	vroegen	hebben gevraagd	hadden gevraagd	zullen vragen	zouden vragen

www.learnbots.com

to be — zijn

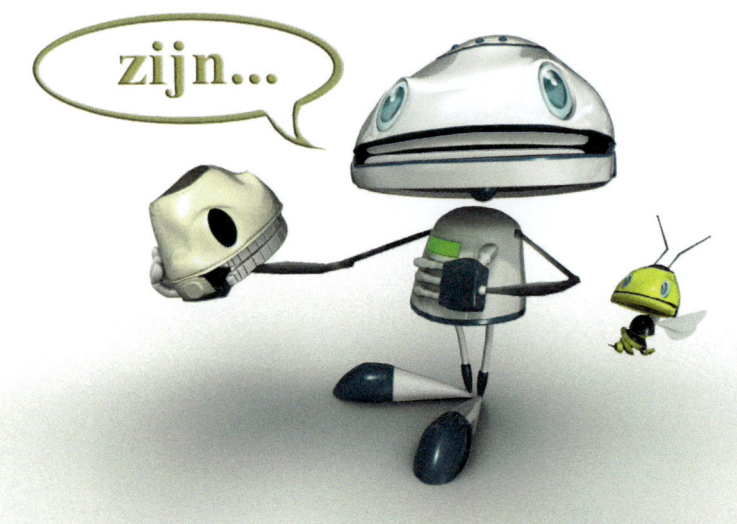

zijn...

	Present Simple	Past Simple	Present Perfect	Past Perfect	Future Simple	Conditional
Ik	ben	was	ben geweest	was geweest	zal zijn	zou zijn
Jij u	bent	was	bent geweest	was geweest	zult zijn	zou zijn
Hij / zij	is	was	is geweest	was geweest	zal zijn	zou zijn
Wij	zijn	waren	zijn geweest	waren geweest	zullen zijn	zouden zijn
Jullie	zijn	waren	zijn geweest	waren geweest	zullen zijn	zouden zijn
Zij	zijn	waren	zijn geweest	waren geweest	zullen zijn	zouden zijn

to be — zijn

	Present Simple	Past Simple	Present Perfect	Past Perfect	Future Simple	Conditional
Ik	ben	was	ben geweest	was geweest	zal zijn	zou zijn
Jij u	bent	was	bent geweest	was geweest	zult zijn	zou zijn
Hij / zij	is	was	is geweest	was geweest	zal zijn	zou zijn
Wij	zijn	waren	zijn geweest	waren geweest	zullen zijn	zouden zijn
Jullie	zijn	waren	zijn geweest	waren geweest	zullen zijn	zouden zijn
Zij	zijn	waren	zijn geweest	waren geweest	zullen zijn	zouden zijn

to be able — kunnen

	Present Simple	Past Simple	Present Perfect	Past Perfect	Future Simple	Conditional
Ik	kan	kon	heb gekund	had gekund	zal kunnen	zou kunnen
Jij u	kunt	kon	hebt gekund	had gekund	zult kunnen	zou kunnen
Hij / zij	kan	kon	heeft gekund	had gekund	zal kunnen	zou kunnen
Wij	kunnen	konden	hebben gekund	hadden gekund	zullen kunnen	zouden kunnen
Jullie	kunnen	konden	hebben gekund	hadden gekund	zullen kunnen	zouden kunnen
Zij	kunnen	konden	hebben gekund	hadden gekund	zullen kunnen	zouden kunnen

to be quiet — zwijgen

	Present Simple	Past Simple	Present Perfect	Past Perfect	Future Simple	Conditional
Ik	zwijg	zweeg	heb gezwegen	had gezwegen	zal zwijgen	zou zwijgen
Jij u	zwijgt	zweeg	hebt gezwegen	had gezwegen	zult zwijgen	zou zwijgen
Hij / zij	zwijgt	zweeg	heeft gewegen	had gezwegen	zal zwijgen	zou zwijgen
Wij	zwijgen	zwegen	hebben gezwegen	hadden gezwegen	zullen zwijgen	zouden zwijgen
Jullie	zwijgen	zwegen	hebben gezwegen	hadden gezwegen	zullen zwijgen	zouden zwijgen
Zij	zwijgen	zwegen	hebben gezwegen	hadden gezwegen	zullen zwijgen	zouden zwijgen

www.learnbots.com

to bring — brengen

	Present Simple	Past Simple	Present Perfect	Past Perfect	Future Simple	Conditional
Ik	breng	bracht	heb gebracht	had gebracht	zal brengen	zou brengen
Jij u	brengt	bracht	hebt gebracht	had gebracht	zult brengen	zou brengen
Hij / zij	brengt	bracht	heeft gebracht	had gebracht	zal brengen	zou brengen
Wij	brengen	brachten	hebben gebracht	hadden gebracht	zullen brengen	zouden brengen
Jullie	brengen	brachten	hebben gebracht	hadden gebracht	zullen brengen	zouden brengen
Zij	brengen	brachten	hebben gebracht	hadden gebracht	zullen brengen	zouden brengen

www.learnbots.com

to build — bouwen

www.learnbots.com

	Present Simple	Past Simple	Present Perfect	Past Perfect	Future Simple	Conditional
Ik	bouw	bouwde	heb gebouwd	had gebouwd	zal bouwen	zou bouwen
Jij u	bouwt	bouwde	hebt gebouwd	had gebouwd	zult bouwen	zou bouwen
Hij / zij	bouwt	bouwde	heeft gebouwd	had gebouwd	zal bouwen	zou bouwen
Wij	bouwen	bouwden	hebben gebouwd	hadden gebouwd	zullen bouwen	zouden bouwen
Jullie	bouwen	bouwden	hebben gebouwd	hadden gebouwd	zullen bouwen	zouden bouwen
Zij	bouwen	bouwden	hebben gebouwd	hadden gebouwd	zullen bouwen	zouden bouwen

to buy — kopen

www.learnbots.com

	Present Simple	Past Simple	Present Perfect	Past Perfect	Future Simple	Conditional
Ik	koop	kocht	heb gekocht	had gekocht	zou slapen	zou slapen
Jij u	koopt	kocht	hebt gekocht	had gekocht	zou slapen	zou slapen
Hij / zij	koopt	kocht	heeft gekocht	had gekocht	zou slapen	zou slapen
Wij	kopen	kochten	hebben gekocht	hadden gekocht	zouden slapen	zouden slapen
Jullie	kopen	kochten	hebben gekocht	hadden gekocht	zouden slapen	zouden slapen
Zij	kopen	kochten	hebben gekocht	hadden gekocht	zouden slapen	zouden slapen

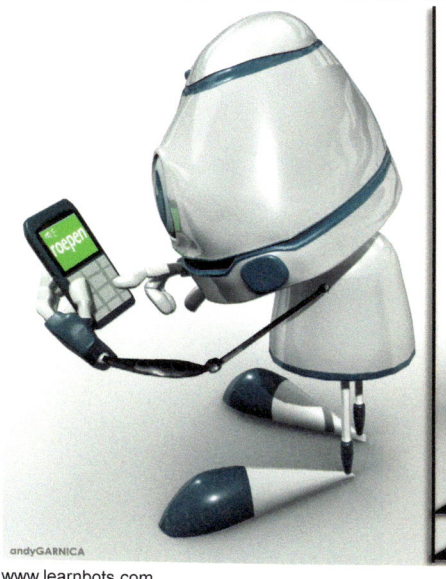

to call roepen

www.learnbots.com

	Present Simple	Past Simple	Present Perfect	Past Perfect	Future Simple	Conditional
Ik	roep	riep	heb geroepen	had geroepen	zal roepen	zou roepen
Jij u	roept	riep	hebt geroepen	had geroepen	zult roepen	zou roepen
Hij / zij	roept	riep	heeft geroepen	had geroepen	zal roepen	zou roepen
Wij	roepen	riepen	hebben geroepen	hadden geroepen	zullen roepen	zouden roepen
Jullie	roepen	riepen	hebben geroepen	hadden geroepen	zullen roepen	zouden roepen
Zij	roepen	riepen	hebben geroepen	hadden geroepen	zullen roepen	zouden roepen

to carry — dragen

	Present Simple	Past Simple	Present Perfect	Past Perfect	Future Simple	Conditional
Ik	draag	droeg	heb gedragen	had gedragen	zal dragen	zou dragen
Jij u	draagt	droeg	hebt gedragen	had gedragen	zult dragen	zou dragen
Hij / zij	draagt	droeg	heeft gedragen	had gedragen	zal dragen	zou dragen
Wij	dragen	droegen	hebben gedragen	hadden gedragen	zullen dragen	zouden dragen
Jullie	dragen	droegen	hebben gedragen	hadden gedragen	zullen dragen	zouden dragen
Zij	dragen	droegen	hebben gedragen	hadden gedragen	zullen dragen	zouden dragen

to change — wisselen

www.learnbots.com

	Present Simple	Past Simple	Present Perfect	Past Perfect	Future Simple	Conditional
Ik	wissel	wisselde	heb gewisseld	had gewisseld	zal wisselen	zou wisselen
Jij u	wisselt	wisselde	hebt gewisseld	had gewisseld	zult wisselen	zou wisselen
Hij / zij	wisselt	wisselde	heeft gewisseld	had gewisseld	zal wisselen	zou wisselen
Wij	wisselen	wisselden	hebben gewisseld	hadden gewisseld	zullen wisselen	zouden wisselen
Jullie	wisselen	wisselden	hebben gewisseld	hadden gewisseld	zullen wisselen	zouden wisselen
Zij	wisselen	wisselden	hebben gewisseld	hadden gewisseld	zullen wisselen	zouden wisselen

to clean — schoonmaken

	Present Simple	Past Simple	Present Perfect	Past Perfect	Future Simple	Conditional
Ik	maak schoon	maakte schoon	heb schoongemaakt	had schoongemaakt	zal schoonmaken	zou schoonmaken
Jij u	maakt schoon	maakte schoon	hebt schoongemaakt	had schoongemaakt	zult schoonmaken	zou schoonmaken
Hij / zij	maakt schoon	maakte schoon	heeft schoongemaakt	had schoongemaakt	zal schoonmaken	zou schoonmaken
Wij	maken schoon	maakten schoon	hebben schoongemaakt	hadden schoongemaakt	zullen schoonmaken	zou schoonmaken
Jullie	maken schoon	maakten schoon	hebben schoongemaakt	hadden schoongemaakt	zullen schoonmaken	zouden schoonmaken
Zij	maken schoon	maakten schoon	hebben schoongemaakt	hadden schoongemaakt	zullen schoonmaken	zouden schoonmaken

to close — sluiten

	Present Simple	Past Simple	Present Perfect	Past Perfect	Future Simple	Conditional
Ik	sluit	sloot	heb gesloten	had gesloten	zal sluiten	zou sluiten
Jij u	sluit	sloot	hebt gesloten	had gesloten	zult sluiten	zou sluiten
Hij / zij	sluit	sloot	heeft gesloten	had gesloten	zal sluiten	zou sluiten
Wij	sluiten	sloten	hebben gesloten	hadden gesloten	zullen sluiten	zouden sluiten
Jullie	sluiten	sloten	hebben gesloten	hadden gesloten	zullen sluiten	zouden sluiten
Zij	sluiten	sloten	hebben gesloten	hadden gesloten	zullen sluiten	zouden sluiten

www.learnbots.com

to comb — kammen

	Present Simple	Past Simple	Present Perfect	Past Perfect	Future Simple	Conditional
Ik	kam	kamde	heb gekamd	had gekamd	zal kammen	zou kammen
Jij u	kamt	kamde	hebt gekamd	had gekamd	zult kammen	zou kammen
Hij / zij	kamt	kamde	heeft gekamd	had gekamd	zal kammen	zou kammen
Wij	kammen	kamden	hebben gekamd	hadden gekamd	zullen kammen	zouden kammen
Jullie	kammen	kamden	hebben gekamd	hadden gekamd	zullen kammen	zouden kammen
Zij	kammen	kamden	hebben gekamd	hadden gekamd	zullen kammen	zouden kammen

www.learnbots.com

to come — komen

www.learnbots.com

	Present Simple	Past Simple	Present Perfect	Past Perfect	Future Simple	Conditional
Ik	kom	kwam	ben gekomen	was gekomen	zal komen	zou komen
Jij u	komt	kwam	bent gekomen	was gekomen	zult komen	zou komen
Hij / zij	komt	kwam	is gekomen	was gekomen	zal komen	zou komen
Wij	komen	kwamen	zijn gekomen	waren gekomen	zullen komen	zouden komen
Jullie	komen	kwamen	zijn gekomen	waren gekomen	zullen komen	zouden komen
Zij	komen	kwamen	zijn gekomen	waren gekomen	zullen komen	zouden komen

to cook — 18 — **koken**

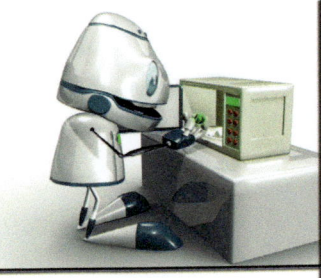

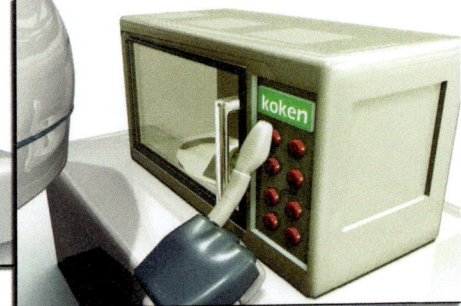

www.learnbots.com

	Present Simple	Past Simple	Present Perfect	Past Perfect	Future Simple	Conditional
Ik	kook	kookte	heb gekookt	had gekookt	zal koken	zou koken
Jij u	kookt	kookte	hebt gekookt	had gekookt	zult koken	zou koken
Hij / zij	kookt	kookte	heeft gekookt	had gekookt	zal koken	zou koken
Wij	koken	kookten	hebben gekookt	hadden gekookt	zullen koken	zouden koken
Jullie	koken	kookten	hebben gekookt	hadden gekookt	zullen koken	zouden koken
Zij	koken	kookten	hebben gekookt	hadden gekookt	zullen koken	zouden koken

to count — tellen

"1,2,3,4,5..."

	Present Simple	Past Simple	Present Perfect	Past Perfect	Future Simple	Conditional
Ik	tel	telde	heb geteld	had geteld	zal tellen	zou tellen
Jij u	telt	telde	hebt geteld	had geteld	zult tellen	zou tellen
Hij / zij	telt	telde	heeft geteld	had geteld	zal tellen	zou tellen
Wij	tellen	telden	hebben geteld	hadden geteld	zullen tellen	zouden tellen
Jullie	tellen	telden	hebben geteld	hadden geteld	zullen tellen	zouden tellen
Zij	tellen	telden	hebben geteld	hadden geteld	zullen tellen	zouden tellen

www.learnbots.com

to crash — neerstorten

	Present Simple	Past Simple	Present Perfect	Past Perfect	Future Simple	Conditional
Ik	stort neer	stortte neer	ben neergestort	was neergestort	zal neerstorten	zou neerstorten
Jij u	stort neer	stortte neer	bent neergestort	was neergestort	zult neerstorten	zou neerstorten
Hij / zij	stort neer	stortte neer	is neergestort	was neergestort	zal neerstorten	zou neerstorten
Wij	storten neer	stortten neer	zijn neergestort	waren neergestort	zullen neerstorten	zouden neerstorten
Jullie	storten neer	stortten neer	zijn neergestort	waren neergestort	zullen neerstorten	zouden neerstorten
Zij	storten neer	stortten neer	zijn neergestort	waren neergestort	zullen neerstorten	zouden neerstorten

www.learnbots.com

to create — creëren

	Present Simple	Past Simple	Present Perfect	Past Perfect	Future Simple	Conditional
Ik	creëer	creëerde	heb gecreëerd	had gecreëerd	zal creëren	zou creëren
Jij u	creëert	creëerde	hebt gecreëerd	had gecreëerd	zult creëren	zou creëren
Hij / zij	creëert	creëerde	heeft gecreëerd	had gecreëerd	zal creëren	zou creëren
Wij	creëren	creëerden	hebben gecreëerd	hadden gecreëerd	zullen creëren	zouden creëren
Jullie	creëren	creëerden	hebben gecreëerd	hadden gecreëerd	zullen creëren	zouden creëren
Zij	creëren	creëerden	hebben gecreëerd	hadden gecreëerd	zullen creëren	zouden creëren

www.learnbots.com

to cut — knippen

	Present Simple	Past Simple	Present Perfect	Past Perfect	Future Simple	Conditional
Ik	knip	knipte	heb geknipt	had geknipt	zal knippen	zou knippen
Jij u	knipt	knipte	hebt geknipt	had geknipt	zult knippen	zou knippen
Hij / zij	knipt	knipte	heeft geknipt	had geknipt	zal knippen	zou knippen
Wij	knippen	knipten	hebben geknipt	hadden geknipt	zullen knippen	zouden knippen
Jullie	knippen	knipten	hebben geknipt	hadden geknipt	zullen knippen	zouden knippen
Zij	knippen	knipten	hebben geknipt	hadden geknipt	zullen knippen	zouden knippen

to dance — dansen

www.learnbots.com

	Present Simple	Past Simple	Present Perfect	Past Perfect	Future Simple	Conditional
Ik	dans	danste	heb gedanst	had gedanst	zal dansen	zou dansen
Jij u	danst	danste	hebt gedanst	had gedanst	zult dansen	zou dansen
Hij / zij	danst	danste	heeft gedanst	had gedanst	zal dansen	zou dansen
Wij	dansen	dansten	hebben gedanst	hadden gedanst	zullen dansen	zouden dansen
Jullie	dansen	dansten	hebben gedanst	hadden gedanst	zullen dansen	zouden dansen
Zij	dansen	dansten	hebben gedanst	hadden gedanst	zullen dansen	zouden dansen

to decide — beslissen

	Present Simple	Past Simple	Present Perfect	Past Perfect	Future Simple	Conditional
Ik	beslis	besliste	heb beslist	had beslist	zal beslissen	zou beslissen
Jij u	beslist	besliste	hebt beslist	had beslist	zult beslissen	zou beslissen
Hij / zij	beslist	besliste	heeft beslist	had beslist	zal beslissen	zou beslissen
Wij	beslissen	beslissen	hebben beslist	hadden beslist	zullen beslissen	zouden beslissen
Jullie	beslissen	beslisten	hebben beslist	hadden beslist	zullen beslissen	zouden beslissen
Zij	beslissen	beslisten	hebben beslist	hadden beslist	zullen beslissen	zouden beslissen

www.learnbots.com

to direct — regisseren

	Present Simple	Past Simple	Present Perfect	Past Perfect	Future Simple	Conditional
Ik	regisseer	regisseerde	heb geregisseerd	had geregisseerd	zal regisseren	zou regisseren
Jij u	regisseert	regisseerde	heeft geregisseerd	had geregisseerd	zult regisseren	zou regisseren
Hij / zij	regisseert	regisseerde	heeft geregisseerd	had geregisseerd	zal regisseren	zou regisseren
Wij	regisseren	regisseerden	hebben geregisseerd	hadden geregisseerd	zullen regisseren	zouden regisseren
Jullie	regisseren	regisseerden	hebben geregisseerd	hadden geregisseerd	zullen regisseren	zouden regisseren
Zij	regisseren	regisseerden	hebben geregisseerd	hadden geregisseerd	zullen regisseren	zouden regisseren

www.learnbots.com

to dream — dromen

	Present Simple	Past Simple	Present Perfect	Past Perfect	Future Simple	Conditional
Ik	droom	droomde	heb gedroomd	had gedroomd	zal dromen	zou dromen
Jij u	droomt	droomde	hebt gedroomd	had gedroomd	zult dromen	zou dromen
Hij / zij	droomt	droomde	heeft gedroomd	had gedroomd	zal dromen	zou dromen
Wij	dromen	droomden	hebben gedroomd	hadden gedroomd	zullen dromen	zouden dromen
Jullie	dromen	droomden	hebben gedroomd	hadden gedroomd	zullen dromen	zouden dromen
Zij	dromen	droomden	hebben gedroomd	hadden gedroomd	zullen dromen	zouden dromen

www.learnbots.com

to drink — drinken

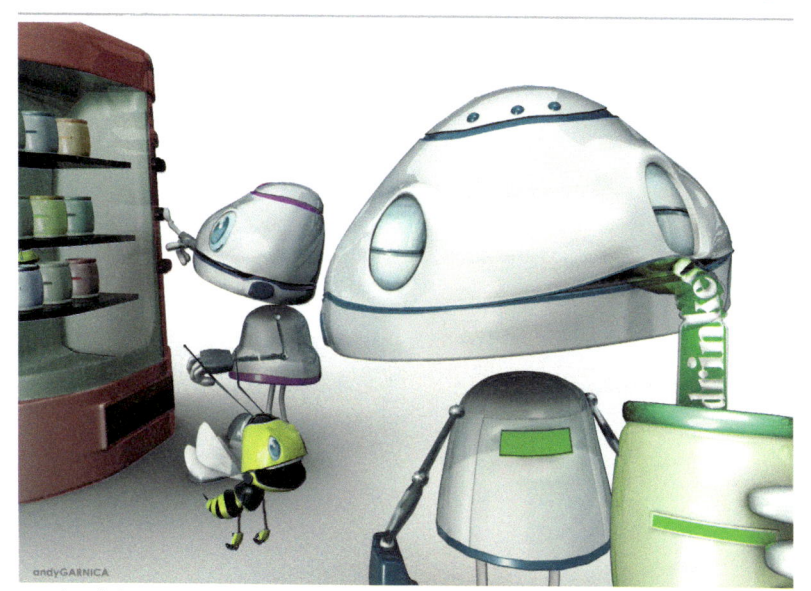

	Present Simple	Past Simple	Present Perfect	Past Perfect	Future Simple	Conditional
Ik	drink	dronk	heb gedronken	had gedronken	zal drinken	zou drinken
Jij u	drinkt	dronk	hebt gedronken	had gedronken	zult drinken	zou drinken
Hij / zij	drinkt	dronk	heeft gedronken	had gedronken	zal drinken	zou drinken
Wij	drinken	dronken	hebben gedronken	hadden gedronken	zullen drinken	zouden drinken
Jullie	drinken	dronken	hebben gedronken	hadden gedronken	zullen drinken	zouden drinken
Zij	drinken	dronken	hebben gedronken	hadden gedronken	zullen drinken	zouden drinken

www.learnbots.com

to drive — rijden

	Present Simple	Past Simple	Present Perfect	Past Perfect	Future Simple	Conditional
Ik	rijd	reed	heb gereden	had gereden	zal rijden	zou rijden
Jij u	rijdt	reed	hebt gereden	had gereden	zult rijden	zou rijden
Hij / zij	rijdt	reed	heeft gereden	had gereden	zal rijden	zou rijden
Wij	rijden	reden	hebben gereden	hadden gereden	zullen rijden	zouden rijden
Jullie	rijden	reden	hebben gereden	hadden gereden	zullen rijden	zouden rijden
Zij	rijden	reden	hebben gereden	hadden gereden	zullen rijden	zouden rijden

www.learnbots.com

to eat / eten

	Present Simple	Past Simple	Present Perfect	Past Perfect	Future Simple	Conditional
Ik	eet	at	heb gegeten	had gegeten	zal eten	zou eten
Jij u	eet	at	hebt gegeten	had gegeten	zult eten	zou eten
Hij / zij	eet	at	heeft gegeten	had gegeten	zal eten	zou eten
Wij	eten	aten	hebben gegeten	hadden gegeten	zullen eten	zouden eten
Jullie	eten	aten	hebben gegeten	hadden gegeten	zullen eten	zouden eten
Zij	eten	aten	hebben gegeten	hadden gegeten	zullen eten	zouden eten

www.learnbots.com

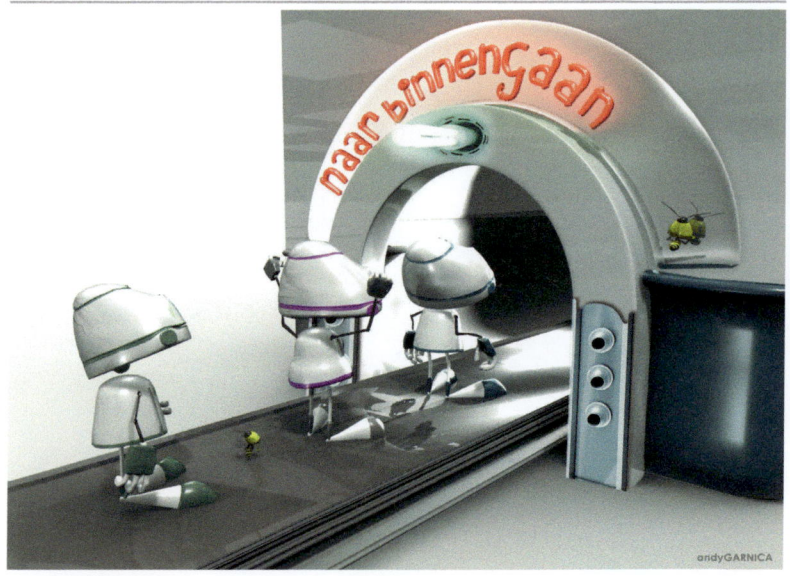

to enter — naar binnengaan

	Present Simple	Past Simple	Present Perfect	Past Perfect	Future Simple	Conditional
Ik	ga naar binnen	ging naar binnen	ben naar binnen gegaan	was naar binnen gegaan	zal naar binnen gaan	zou naar binnen gaan
Jij u	gaat naar binnen	ging naar binnen	bent naar binnen gegaan	was naar binnen gegaan	zult naar binnen gaan	zou naar binnen gaan
Hij / zij	gaat naar binnen	ging naar binnen	is naar binnen gegaan	was naar binnen gegaan	zal naar binnen gaan	zou naar binnen gaan
Wij	gaan naar binnen	gingen naar binnen	zijn naar binnen gegaan	waren naar binnen gegaan	zullen naar binnen gaan	zouden naar binnen gaan
Jullie	gaan naar binnen	gingen naar binnen	zijn naar binnen gegaan	waren naar binnen gegaan	zullen naar binnen gaan	zouden naar binnen gaan
Zij	gaan naar binnen	gingen naar binnen	zijn naar binnen gegaan	waren naar binnen gegaan	zullen naar binnen gaan	zouden naar binnen gaan

www.learnbots.com

to fall — vallen

www.learnbots.com

	Present Simple	Past Simple	Present Perfect	Past Perfect	Future Simple	Conditional
Ik	val	viel	ben gevallen	was gevallen	zal vallen	zou vallen
Jij u	valt	viel	bent gevallen	was gevallen	zult vallen	zou vallen
Hij / zij	valt	viel	is gevallen	was gevallen	zal vallen	zou vallen
Wij	vallen	vielen	zijn gevallen	waren gevallen	zullen vallen	zouden vallen
Jullie	vallen	vielen	zijn gevallen	waren gevallen	zullen vallen	zouden vallen
Zij	vallen	vielen	zijn gevallen	waren gevallen	zullen vallen	zouden vallen

to fight / vechten

	Present Simple	Past Simple	Present Perfect	Past Perfect	Future Simple	Conditional
Ik	vecht	vocht	heb gevochten	had gevochten	zal vechten	zou vechten
Jij u	vecht	vocht	hebt gevochten	had gevochten	zult vechten	zou vechten
Hij / zij	vecht	vocht	heeft gevochten	had gevochten	zal vechten	zou vechten
Wij	vechten	vochten	hebben gevochten	hadden gevochten	zullen vechten	zouden vechten
Jullie	vechten	vochten	hebben gevochten	hadden gevochten	zullen vechten	zouden vechten
Zij	vechten	vochten	hebben gevochten	hadden gevochten	zullen vechten	zouden vechten

www.learnbots.com

to find — vinden

	Present Simple	Past Simple	Present Perfect	Past Perfect	Future Simple	Conditional
Ik	vind	vond	heb gevonden	had gevonden	zal vinden	zou vinden
Jij u	vindt	vond	hebt gevonden	had gevonden	zult vinden	zou vinden
Hij / zij	vindt	vond	heeft gevonden	had gevonden	zal vinden	zou vinden
Wij	vinden	vonden	hebben gevonden	hadden gevonden	zullen vinden	zouden vinden
Jullie	vinden	vonden	hebben gevonden	hadden gevonden	zullen vinden	zouden vinden
Zij	vinden	vonden	hebben gevonden	hadden gevonden	zullen vinden	zouden vinden

www.learnbots.com

to finish — finishen

www.learnbots.com

	Present Simple	Past Simple	Present Perfect	Past Perfect	Future Simple	Conditional
Ik	finish	finishte	ben gefinisht	was gefinisht	zal finishen	zou finishen
Jij u	finisht	finishte	bent gefinisht	was gefinisht	zult finishen	zou finishen
Hij / zij	finisht	finishte	is gefinisht	was gefinisht	zal finishen	zou finishen
Wij	finishen	finishten	zijn gefinisht	waren gefinisht	zullen finishen	zouden finishen
Jullie	finishen	finishten	zijn gefinisht	waren gefinisht	zullen finishen	zouden finishen
Zij	finishen	finishten	zijn gefinisht	waren gefinisht	zullen finishen	zouden finishen

to follow — volgen

	Present Simple	Past Simple	Present Perfect	Past Perfect	Future Simple	Conditional
Ik	volg	volgde	heb gevolgd	had gevolgd	zal volgen	zou volgen
Jij u	volgt	volgde	hebt gevolgd	had gevolgd	zult volgen	zou volgen
Hij / zij	volgt	volgde	heeft gevolgd	had gevolgd	zal volgen	zou volgen
Wij	volgen	volgden	hebben gevolgd	hadden gevolgd	zullen volgen	zouden volgen
Jullie	volgen	volgden	hebben gevolgd	hadden gevolgd	zullen volgen	zouden volgen
Zij	volgen	volgden	hebben gevolgd	hadden gevolgd	zullen volgen	zouden volgen

www.learnbots.com — andyGARNICA

to forbid — verbieden

	Present Simple	Past Simple	Present Perfect	Past Perfect	Future Simple	Conditional
Ik	verbied	verbood	heb verboden	had verboden	zal verbieden	zou verbieden
Jij u	verbiedt	verbood	hebt verboden	had verboden	zult verbieden	zou verbieden
Hij / zij	verbiedt	verbood	heeft verboden	had verboden	zal verbieden	zou verbieden
Wij	verbieden	verboden	hebben verboden	hadden verboden	zullen verbieden	zouden verbieden
Jullie	verbieden	verboden	hebben verboden	hadden verboden	zullen verbieden	zouden verbieden
Zij	verbieden	verboden	hebben verboden	hadden verboden	zullen verbieden	zouden verbieden

to forget — vergeten

www.learnbots.com

	Present Simple	Past Simple	Present Perfect	Past Perfect	Future Simple	Conditional
Ik	vergeet	vergat	ben vergeten	was vergeten	zal vergeten	zou vergeten
Jij u	vergeet	vergat	bent vergeten	was vergeten	zult vergeten	zou vergeten
Hij / zij	vergeet	vergat	is vergeten	was vergeten	zal vergeten	zou vergeten
Wij	vergeten	vergaten	zijn vergeten	waren vergeten	zullen vergeten	zouden vergeten
Jullie	vergeten	vergaten	zijn vergeten	waren vergeten	zullen vergeten	zouden vergeten
Zij	vergeten	vergaten	zijn vergeten	waren vergeten	zullen vergeten	zouden vergeten

to get dressed — zich aankleden

	Present Simple	Past Simple	Present Perfect	Past Perfect	Future Simple	Conditional
Ik	kleed me aan	kleedde me aan	heb me aangekleed	had me aangekleed	zal me aankleden	zou me aankleden
Jij u	jij kleedt je aan	jij kleedde je aan	jij hebt je aangekleed	jij had je aangekleed	u zult zich aankleden	u zou zich aankleden
Hij / zij	kleedt zich aan	kleedde zich aan	heeft zich aangekleed	had zich aangekleed	zal zich aankleden	zou zich aankleden
Wij	kleden ons aan	kleedden ons aan	hebben ons aangekleed	hadden ons aangekleed	zullen ons aankleden	zouden ons aankleden
Jullie	kleden je aan	kleedden je aan	hebben je aangekleed	hadden je aangekleed	zullen je aankleden	zouden je aankleden
Zij	kleden zich aan	kleedden zich aan	hebben zich aangekleed	hadden zich aangekleed	zullen zich aankleden	zouden zich aankleden

to get married — trouwen

www.learnbots.com

	Present Simple	Past Simple	Present Perfect	Past Perfect	Future Simple	Conditional
Ik	trouw	trouwde	ben getrouwd	was getrouwd	zal trouwen	zou trouwen
Jij u	trouwt	trouwde	bent getrouwd	was getrouwd	zult trouwen	zou trouwen
Hij / zij	trouwt	trouwde	is getrouwd	was getrouwd	zal trouwen	zou trouwen
Wij	trouwen	trouwden	zijn getrouwd	waren getrouwd	zullen trouwen	zouden trouwen
Jullie	trouwen	trouwden	zijn getrouwd	waren getrouwd	zullen trouwen	zouden trouwen
Zij	trouwen	trouwden	zijn getrouwd	waren getrouwd	zullen trouwen	zouden trouwen

to give — geven

	Present Simple	Past Simple	Present Perfect	Past Perfect	Future Simple	Conditional
Ik	geef	gaf	heb gegeven	had gegeven	zal geven	zou geven
Jij u	geeft	gaf	hebt gegeven	had gegeven	zult geven	zou geven
Hij / zij	geeft	gaf	heeft gegeven	had gegeven	zal geven	zou geven
Wij	geven	gaven	hebben gegeven	hadden gegeven	zullen geven	zouden geven
Jullie	geven	gaven	hebben gegeven	hadden gegeven	zullen geven	zouden geven
Zij	geven	gaven	hebben gegeven	hadden gegeven	zullen geven	zouden geven

www.learnbots.com

to go — gaan

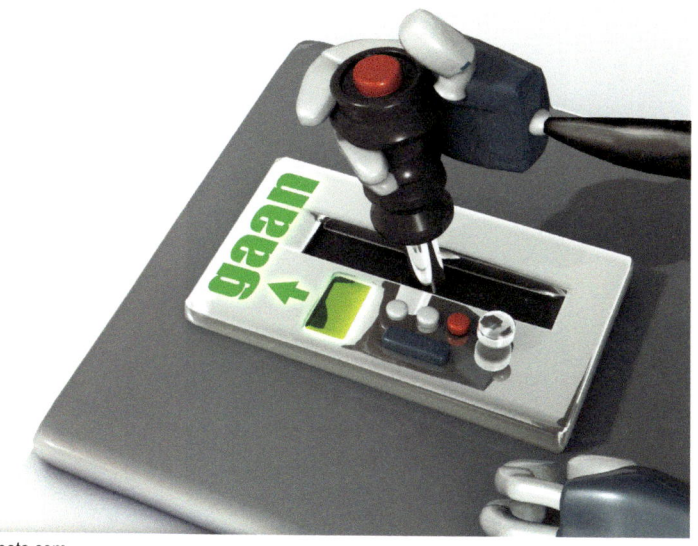

www.learnbots.com

	Present Simple	Past Simple	Present Perfect	Past Perfect	Future Simple	Conditional
Ik	ga	ging	ben gegaan	was gegaan	zal gaan	zou gaan
Jij u	gaat	ging	bent gegaan	was gegaan	zult gaan	zou gaan
Hij / zij	gaat	ging	is gegaan	was gegaan	zal gaan	zou gaan
Wij	gaan	gingen	zijn gegaan	waren gegaan	zullen gaan	zouden gaan
Jullie	gaan	gingen	zijn gegaan	waren gegaan	zullen gaan	zouden gaan
Zij	gaan	gingen	zijn gegaan	waren gegaan	zullen gaan	zouden gaan

to go down — naar beneden gaan

www.learnbots.com

	Present Simple	Past Simple	Present Perfect	Past Perfect	Future Simple	Conditional
Ik	ga naar beneden	ging naar beneden	ben naar beneden gegaan	was naar beneden gegaan	zal naar beneden gaan	zou naar beneden gaan
Jij u	gaat naar beneden	ging naar beneden	bent naar beneden gegaan	was naar beneden gegaan	zult naar beneden gaan	zou naar beneden gaan
Hij / zij	gaat naar beneden	ging naar beneden	is naar beneden gegaan	was naar beneden gegaan	zal naar beneden gaan	zou naar gaan beneden
Wij	gaan naar beneden	gingen naar beneden	zijn naar beneden gegaan	waren naar beneden gegaan	zullen naar beneden gaan	zouden naar beneden gaan
Jullie	gaan naar beneden	gingen naar beneden	zijn naar beneden gegaan	waren naar beneden gegaan	zullen naar beneden gaan	zouden naar beneden gaan
Zij	gaan naar beneden	gingen naar beneden	zijn naar beneden gegaan	waren naar beneden gegaan	zullen naar beneden gaan	zouden naar beneden gaan

to go out — uitgaan

www.learnbots.com

	Present Simple	Past Simple	Present Perfect	Past Perfect	Future Simple	Conditional
Ik	ga uit	ging uit	ben uitgegaan	was uitgegaan	zal uitgaan	zou uitgaan
Jij u	gaat uit	ging uit	bent uitgegaan	was uitgegaan	zult uitgaan	zou uitgaan
Hij / zij	gaat uit	ging uit	is uitgegaan	was uitgegaan	zal uitgaan	zou uitgaan
Wij	gaan uit	gingen uit	zijn uitgegaan	waren uitgegaan	zullen uitgaan	zouden uitgaan
Jullie	gaan uit	gingen uit	zijn uitgegaan	waren uitgegaan	zullen uitgaan	zouden uitgaan
Zij	gaan uit	gingen uit	zijn uitgegaan	waren uitgegaan	zullen uitgaan	zouden uitgaan

to grow — groeien

	Present Simple	Past Simple	Present Perfect	Past Perfect	Future Simple	Conditional
Ik	groei	groeide	ben gegroeid	was gegroeid	zal groeien	zou groeien
Jij u	groeit	groeide	bent gegroeid	was gegroeid	zult groeien	zou groeien
Hij / zij	groeit	groeide	is gegroeid	was gegroeid	zal groeien	zou groeien
Wij	groeien	groeiden	zijn gegroeid	waren gegroeid	zullen groeien	zouden groeien
Jullie	groeien	groeiden	zijn gegroeid	waren gegroeid	zullen groeien	zouden groeien
Zij	groeien	groeiden	zijn gegroeid	waren gegroeid	zullen groeien	zouden groeien

to have — hebben

www.learnbots.com

	Present Simple	Past Simple	Present Perfect	Past Perfect	Future Simple	Conditional
Ik	heb	had	heb gehad	had gehad	zal hebben	zou hebben
Jij u	hebt	had	hebt gehad	had gehad	zult hebben	zou hebben
Hij / zij	heeft	had	heeft gehad	had gehad	zal hebben	zou hebben
Wij	hebben	hadden	hebben gehad	hadden gehad	zullen hebben	zouden hebben
Jullie	hebben	hadden	hebben gehad	hadden gehad	zullen hebben	zouden hebben
Zij	hebben	hadden	hebben gehad	hadden gehad	zullen hebben	zouden hebben

to hear — horen

	Present Simple	Past Simple	Present Perfect	Past Perfect	Future Simple	Conditional
Ik	hoor	hoorde	heb gehoord	had gehoord	zal horen	zou horen
Jij u	hoort	hoorde	hebt gehoord	had gehoord	zult horen	zou horen
Hij / zij	hoort	hoorde	heeft gehoord	had gehoord	zal horen	zou horen
Wij	horen	hoorden	hebben gehoord	hadden gehoord	zullen horen	zouden horen
Jullie	horen	hoorden	hebben gehoord	hadden gehoord	zullen horen	zouden horen
Zij	horen	hoorden	hebben gehoord	hadden gehoord	zullen horen	zouden horen

www.learnbots.com

to jump — springen

	Present Simple	Past Simple	Present Perfect	Past Perfect	Future Simple	Conditional
Ik	spring	sprong	ben gesprongen	was gesprongen	zal springen	zou springen
Jij / u	springt	sprong	bent gesprongen	was gesprongen	zult springen	zou springen
Hij / zij	springt	sprong	is gesprongen	was gesprongen	zal springen	zou springen
Wij	springen	sprongen	zijn gesprongen	waren gesprongen	zullen springen	zouden springen
Jullie	springen	sprongen	zijn gesprongen	waren gesprongen	zullen springen	zouden springen
Zij	springen	sprongen	zijn gesprongen	waren gesprongen	zullen springen	zouden springen

www.learnbots.com

to kick — schoppen

	Present Simple	Past Simple	Present Perfect	Past Perfect	Future Simple	Conditional
Ik	schopte	schopte	heb geschopt	had geschopt	zal schoppen	zou schoppen
Jij u	schopte	schopte	hebt geschopt	had geschopt	zult schoppen	zou schoppen
Hij / zij	schopte	schopte	heeft geschopt	had geschopt	zal schoppen	zou schoppen
Wij	schopten	schopten	hebben geschopt	hadden geschopt	zullen schoppen	zouden schoppen
Jullie	schopten	schopten	hebben geschopt	hadden geschopt	zullen schoppen	zouden schoppen
Zij	schopten	schopten	hebben geschopt	hadden geschopt	zullen schoppen	zouden schoppen

to kiss — kussen

www.learnbots.com

	Present Simple	Past Simple	Present Perfect	Past Perfect	Future Simple	Conditional
Ik	kus	kuste	heb gekust	had gekust	zal kussen	zou kussen
Jij u	kust	kuste	hebt gekust	had gekust	zult kussen	zou kussen
Hij / zij	kust	kuste	heeft gekust	had gekust	zal kussen	zou kussen
Wij	kussen	kusten	hebben gekust	hadden gekust	zullen kussen	zouden kussen
Jullie	kussen	kusten	hebben gekust	hadden gekust	zullen kussen	zouden kussen
Zij	kussen	kusten	hebben gekust	hadden gekust	zullen kussen	zouden kussen

to know — weten

	Present Simple	Past Simple	Present Perfect	Past Perfect	Future Simple	Conditional
Ik	weet	wist	heb geweten	had geweten	zal weten	zou weten
Jij u	weet	wist	hebt geweten	had geweten	zult weten	zou weten
Hij / zij	weet	wist	heeft geweten	had geweten	zal weten	zou weten
Wij	weten	wisten	hebben geweten	hadden geweten	zullen weten	zouden weten
Jullie	weten	wisten	hebben geweten	hadden geweten	zullen weten	zouden weten
Zij	weten	wisten	hebben geweten	hadden geweten	zullen weten	zouden weten

www.learnbots.com

to learn — leren

	Present Simple	Past Simple	Present Perfect	Past Perfect	Future Simple	Conditional
Ik	leer	leerde	heb geleerd	had geleerd	zal leren	zou leren
Jij u	leert	leerde	hebt geleerd	had geleerd	zult leren	zou leren
Hij / zij	leert	leerde	heeft geleerd	had geleerd	zal leren	zou leren
Wij	leren	leerden	hebben geleerd	hadden geleerd	zullen leren	zouden leren
Jullie	leren	leerden	hebben geleerd	hadden geleerd	zullen leren	zouden leren
Zij	leren	leerden	hebben geleerd	hadden geleerd	zullen leren	zouden leren

www.learnbots.com

to lie — liegen

	Present Simple	Past Simple	Present Perfect	Past Perfect	Future Simple	Conditional
Ik	lieg	loog	heb gelogen	had gelogen	zal liegen	zou liegen
Jij u	liegt	loog	hebt gelogen	had gelogen	zult liegen	zou liegen
Hij / zij	liegt	loog	heeft gelogen	had gelogen	zal liegen	zou liegen
Wij	liegen	logen	hebben gelogen	hadden gelogen	zullen liegen	zouden liegen
Jullie	liegen	logen	hebben gelogen	hadden gelogen	zullen liegen	zouden liegen
Zij	liegen	logen	hebben gelogen	hadden gelogen	zullen liegen	zouden liegen

www.learnbots.com

to light — aansteken

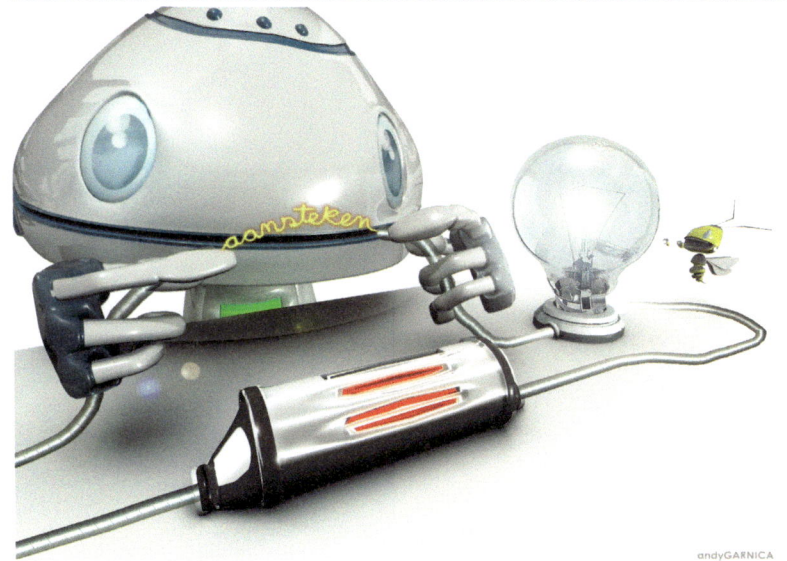

www.learnbots.com

	Present Simple	Past Simple	Present Perfect	Past Perfect	Future Simple	Conditional
Ik	steek aan	stak aan	heb aangestoken	had aangestoken	zal aansteken	zou aansteken
Jij u	steekt aan	stak aan	hebt aagestoken	had aangestoken	zult aansteken	zou aansteken
Hij / zij	steekt aan	stak aan	heeft aangestoken	had aangestoken	zal aansteken	zou aansteken
Wij	steekt aan	staken aan	hebben aangestoken	hadden aangestoken	zullen aansteken	zouden aansteken
Jullie	staken aan	staken aan	hebben aangestoken	hadden aangestoken	zullen aansteken	zouden aansteken
Zij	staken aan	staken aan	hebben aangestoken	hadden aangestoken	zullen aansteken	zouden aansteken

to lose — verliezen

	Present Simple	Past Simple	Present Perfect	Past Perfect	Future Simple	Conditional
Ik	verlies	verloor	heb verloren	had verloren	zal verliezen	zou verliezen
Jij u	verliest	verloor	hebt verloren	had verloren	zult verliezen	zou verliezen
Hij / zij	verliest	verloor	heeft verloren	had verloren	zal verliezen	zou verliezen
Wij	verliezen	verloren	hebben verloren	hadden verloren	zullen verliezen	zouden verliezen
Jullie	verliezen	verloren	hebben verloren	hadden verloren	zullen verliezen	zouden verliezen
Zij	verliezen	verloren	hebben verloren	hadden verloren	zullen verliezen	zouden verliezen

www.learnbots.com

to love   houden van

	Present Simple	Past Simple	Present Perfect	Past Perfect	Future Simple	Conditional
Ik	houdt van	hield van	heb gehouden van	had gehouden van	zal houden van	zou houden van
Jij u	houdt van	hield van	hebt gehouden van	had gehouden van	zult houden van	zou houden van
Hij / zij	houdt van	hield van	heeft gehouden van	had gehouden van	zal houden van	zou houden van
Wij	houden van	hielden van	hebben gehouden van	hadden gehouden van	zullen houden van	zouden houden van
Jullie	houden van	hielden van	hebben gehouden van	hadden gehouden van	zullen houden van	zouden houden van
Zij	houden van	hielden van	hebben gehouden van	hadden gehouden van	zullen houden van	zouden houden van

www.learnbots.com

to make — maken

	Present Simple	Past Simple	Present Perfect	Past Perfect	Future Simple	Conditional
Ik	maak	maakte	heb gemaakt	had gemaakt	zal maken	zou maken
Jij u	maakt	maakte	hebt gemaakt	had gemaakt	zult maken	zou maken
Hij / zij	maakt	maakte	heeft gemaakt	had gemaakt	zal maken	zou maken
Wij	maken	maakten	hebben gemaakt	hadden gemaakt	zullen maken	zouden maken
Jullie	maken	maakten	hebben gemaakt	hadden gemaakt	zullen maken	zouden maken
Zij	maken	maakten	hebben gemaakt	hadden gemaakt	zullen maken	zouden maken

to open / openen

www.learnbots.com

	Present Simple	Past Simple	Present Perfect	Past Perfect	Future Simple	Conditional
Ik	open	opende	heb geopend	had geopend	zal openen	zou openen
Jij u	opent	opende	hebt geopend	had geopend	zult openen	zou openen
Hij / zij	opent	opende	heeft geopend	had geopend	zal openen	zou openen
Wij	openen	openden	hebben geopend	hadden geopend	zullen openen	zouden openen
Jullie	openen	openden	hebben geopend	hadden geopend	zullen openen	zouden openen
Zij	openen	openden	hebben geopend	hadden geopend	zullen openen	zouden openen

to organise — ordenen

	Present Simple	Past Simple	Present Perfect	Past Perfect	Future Simple	Conditional
Ik	orden	ordende	heb geordend	had geordend	zal ordenen	zou ordenen
Jij u	ordent	ordende	hebt geordend	had geordend	zult ordenen	zou ordenen
Hij / zij	ordent	ordende	heeft geordend	had geordend	zal ordenen	zou ordenen
Wij	ordenen	ordenden	hebben geordend	hadden geordend	zullen ordenen	zouden ordenen
Jullie	ordenen	ordenden	hebben geordend	hadden geordend	zullen ordenen	zouden ordenen
Zij	ordenen	ordenden	hebben geordend	hadden geordend	zullen ordenen	zouden ordenen

www.learnbots.com

to paint — schilderen

	Present Simple	Past Simple	Present Perfect	Past Perfect	Future Simple	Conditional
Ik	schilder	schilderde	heb geschilderd	had geschilderd	zal schilderen	zou schilderen
Jij u	schildert	schilderde	hebt geschilderd	had geschilderd	zult schilderen	zou schilderen
Hij / zij	schildert	schilderde	heeft geschilderd	had geschilderd	zal schilderen	zou schilderen
Wij	schilderen	schilderden	hebben geschilderd	hadden geschilderd	zullen schilderen	zouden schilderen
Jullie	schilderen	schilderden	hebben geschilderd	hadden geschilderd	zullen schilderen	zouden schilderen
Zij	schilderen	schilderden	hebben geschilderd	hadden geschilderd	zullen schilderen	zouden schilderen

www.learnbots.com

to pay — betalen

	Present Simple	Past Simple	Present Perfect	Past Perfect	Future Simple	Conditional
Ik	betaal	betaalde	heb betaald	had betaald	zal betalen	zou betalen
Jij u	betaalt	betaalde	hebt betaald	had betaald	zult betalen	zou betalen
Hij / zij	betaalt	betaalde	heft betaald	had betaald	zal betalen	zou betalen
Wij	betalen	betaalden	hebben betaald	hadden betaald	zullen betalen	zouden betalen
Jullie	betalen	betaalden	hebben betaald	hadden betaald	zullen betalen	zouden betalen
Zij	betalen	betaalden	hebben betaald	hadden betaald	zullen betalen	zouden betalen

to play — spelen

www.learnbots.com

	Present Simple	Past Simple	Present Perfect	Past Perfect	Future Simple	Conditional
Ik	speel	speelde	heb gespeeld	had gespeeld	zal spelen	zou spelen
Jij u	speelt	speelde	hebt gespeeld	had gespeeld	zult spelen	zou spelen
Hij / zij	speelt	speelde	heeft gespeeld	had gespeeld	zal spelen	zou spelen
Wij	spelen	speelden	hebben gespeeld	hadden gespeeld	zullen spelen	zouden spelen
Jullie	spelen	speelden	hebben gespeeld	hadden gespeeld	zullen spelen	zouden spelen
Zij	spelen	speelden	hebben gespeeld	hadden gespeeld	zullen spelen	zouden spelen

to polish — poetsen

	Present Simple	Past Simple	Present Perfect	Past Perfect	Future Simple	Conditional
Ik	poets	poetste	heb gepoetst	had gepoetst	zal poetsen	zou poetsen
Jij u	poetst	poetste	hebt gepoetst	had gepoetst	zult poetsen	zou poetsen
Hij / zij	poetst	poetste	heeft gepoetst	had gepoetst	zal poetsen	zou poetsen
Wij	poetsen	poetsen	hebben gepoetst	hadden gepoetst	zullen poetsen	zouden poetsen
Jullie	poetsen	poetsten	hebben gepoetst	hadden gepoetst	zullen poetsen	zouden poetsen
Zij	poetsen	poetsten	hebben gepoetst	hadden gepoetst	zullen poetsen	zouden poetsen

to put — inzetten

www.learnbots.com

	Present Simple	Past Simple	Present Perfect	Past Perfect	Future Simple	Conditional
Ik	zet in	zette in	heb ingezet	had ingezet	zal inzetten	zou inzetten
Jij u	zet in	zette in	hebt ingezet	had ingezet	zult inzetten	zou inzetten
Hij / zij	zet in	zette in	heeft ingezet	had ingezet	zal inzetten	zou inzetten
Wij	zetten in	zetten in	hebben ingezet	hadden ingezet	zullen inzetten	zouden inzetten
Jullie	zetten in	zetten in	hebben ingezet	hadden ingezet	zullen inzetten	zouden inzetten
Zij	zetten in	zetten in	hebben ingezet	hadden ingezet	zullen inzetten	zouden inzetten

to quit — ophouden

	Present Simple	Past Simple	Present Perfect	Past Perfect	Future Simple	Conditional
Ik	hou(d) op	hield op	ben opgehouden	was opgehouden	zal ophouden	zou ophouden
Jij u	houdt op	hield op	bent opgehouden	was opgehouden	zult ophouden	zou ophouden
Hij / zij	houdt op	hield op	is opgehouden	was opgehouden	zal ophouden	zou ophouden
Wij	houden op	hielden op	zijn opgehouden	waren opgehouden	zullen ophouden	zouden ophouden
Jullie	houden op	hielden op	zijn opgehouden	waren opgehouden	zullen ophouden	zouden ophouden
Zij	houden op	hielden op	zijn opgehouden	waren opgehouden	zullen ophouden	zouden ophouden

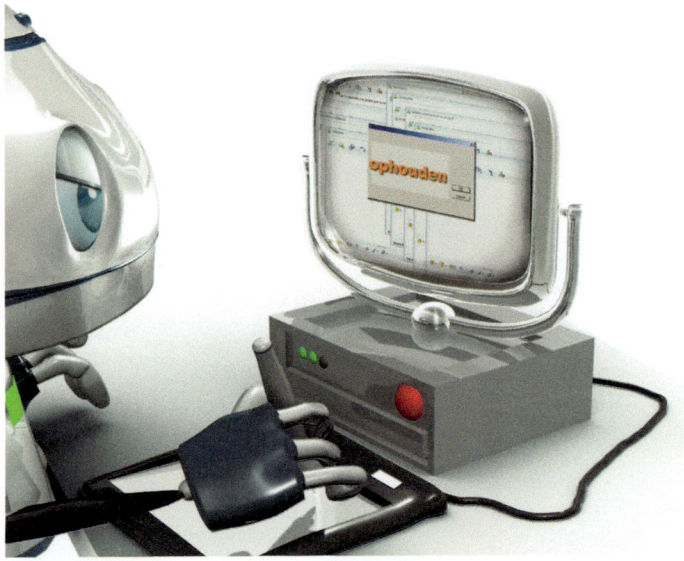

www.learnbots.com

to rain — regenen

	Present Simple	Past Simple	Present Perfect	Past Perfect	Future Simple	Conditional
Ik						
Jij u						
Hij / zij	regent	regende	heeft geregend	had geregend	zal regenen	zou regenen
Wij						
Jullie						
Zij						

www.learnbots.com

to read — lezen

	Present Simple	Past Simple	Present Perfect	Past Perfect	Future Simple	Conditional
Ik	lees	las	heb gelezen	had gelezen	zal lezen	zou lezen
Jij u	leest	las	hebt gelezen	had gelezen	zult lezen	zou lezen
Hij / zij	leest	las	heeft gelezen	had gelezen	zal lezen	zou lezen
Wij	lezen	lazen	hebben gelezen	hadden gelezen	zullen lezen	zouden lezen
Jullie	lezen	lazen	hebben gelezen	hadden gelezen	zullen lezen	zouden lezen
Zij	lezen	lazen	hebben gelezen	hadden gelezen	zullen lezen	zouden lezen

www.learnbots.com

to receive — ontvangen

	Present Simple	Past Simple	Present Perfect	Past Perfect	Future Simple	Conditional
Ik	ontvang	ontving	heb ontvangen	had ontvangen	zal ontvangen	zou ontvangen
Jij u	ontvangt	ontving	hebt ontvangen	had ontvangen	zult ontvangen	zou ontvangen
Hij / zij	ontvangt	ontving	heeft ontvangen	had ontvangen	zal ontvangen	zou ontvangen
Wij	ontvangen	ontvingen	hebben ontvangen	hadden ontvangen	zullen ontvangen	zouden ontvangen
Jullie	ontvangen	ontvingen	hebben ontvangen	hadden ontvangen	zullen ontvangen	zouden ontvangen
Zij	ontvangen	ontvingen	hebben ontvangen	hadden ontvangen	zullen ontvangen	zouden ontvangen

www.learnbots.com

to record — opnemen

	Present Simple	Past Simple	Present Perfect	Past Perfect	Future Simple	Conditional
Ik	neem op	nam op	heb opgenomen	had opgenomen	zal opnemen	zou opnemen
Jij u	neemt op	nam op	hebt opgenomen	had opgenomen	zult opnemen	zou opnemen
Hij / zij	neemt op	nam op	heeft opgenomen	had opgenomen	zal opnemen	zou opnemen
Wij	neemt op	namen op	hebben opgenomen	hadden opgenomen	zullen opnemen	zouden opnemen
Jullie	nemen op	namen op	hebben opgenomen	hadden opgenomen	zullen opnemen	zouden opnemen
Zij	nemen op	namen op	hebben opgenomen	hadden opgenomen	zullen opnemen	zouden opnemen

www.learnbots.com

to remember — zich herinneren

www.learnbots.com

	Present Simple	Past Simple	Present Perfect	Past Perfect	Future Simple	Conditional
Ik	herinner me	herinnerde me	heb me herinnerd	had me herinnerd	zal me herinneren	zou me herinneren
Jij u	herinnert zich	herinnerde je	hebt zich herinnerd	had je herinnerd	zult je herinneren	zou je herinneren
Hij / zij	herinnert zich	herinnerde zich	heeft zich herinnerd	had zich herinnerd	zal zich herinneren	zou zich herinneren
Wij	herinnert ons	herinnerde ons	hebben ons herinnerd	hadden ons herinnerd	zullen ons herinneren	zouden ons herinneren
Jullie	herinneren je	herinnerden je	hebben je herinnerd	hadden je herinnerd	zullen je herinneren	zouden je herinneren
Zij	herinneren zich	herinnerden zich	hebben zich herinnerd	hadden zich herinnerd	zullen zich herinneren	zouden zich herinneren

to repair — repareren

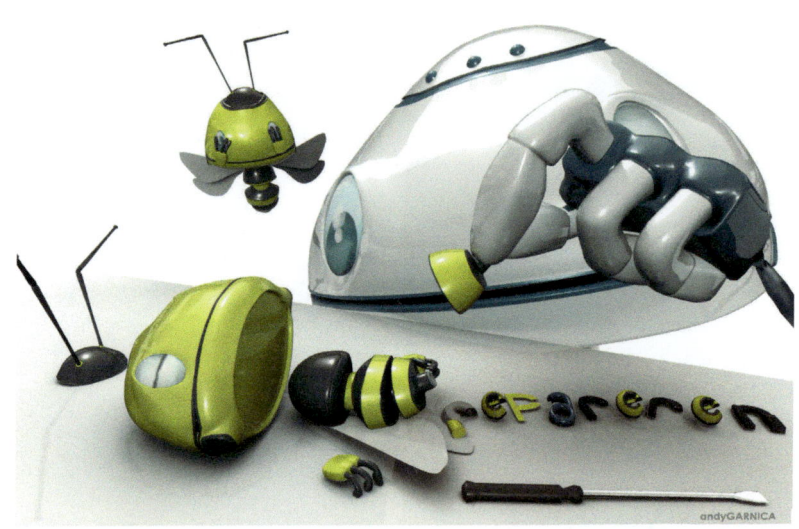

	Present Simple	Past Simple	Present Perfect	Past Perfect	Future Simple	Conditional
Ik	repareer	repareerde	heb gerepareerd	had gerepareerd	zal repareren	zal repareren
Jij u	repareert	repareerde	hebt gerepareerd	had gerepareerd	zult repareren	zult repareren
Hij / zij	repareert	repareerde	heeft gerepareerd	had gerepareerd	zal repareren	zal repareren
Wij	repareren	repareerde	hebben gerepareerd	hadden gerepareerd	zullen repareren	zullen repareren
Jullie	repareren	repareerde	hebben gerepareerd	hadden gerepareerd	zullen repareren	zullen repareren
Zij	repareren	repareerde	hebben gerepareerd	hadden gerepareerd	zullen repareren	zullen repareren

www.learnbots.com

to return — terugkomen

	Present Simple	Past Simple	Present Perfect	Past Perfect	Future Simple	Conditional
Ik	kom terug	kwam terug	ben teruggekomen	was teruggekomen	zal terugkomen	zou terugkomen
Jij u	komt terug	kwam terug	bent teruggekomen	was teruggekomen	zult terugkomen	zou terugkomen
Hij / zij	komt terug	kwam terug	is teruggekomen	was teruggekomen	zal terugkomen	zou terugkomen
Wij	komen terug	kwamen terug	zijn teruggekomen	waren teruggekomen	zullen terugkomen	zouden terugkomen
Jullie	komen terug	kwamen terug	zijn teruggekomen	waren teruggekomen	zullen terugkomen	zouden terugkomen
Zij	komen terug	kwamen terug	zijn teruggekomen	waren teruggekomen	zullen terugkomen	zouden terugkomen

www.learnbots.com

to run — rennen

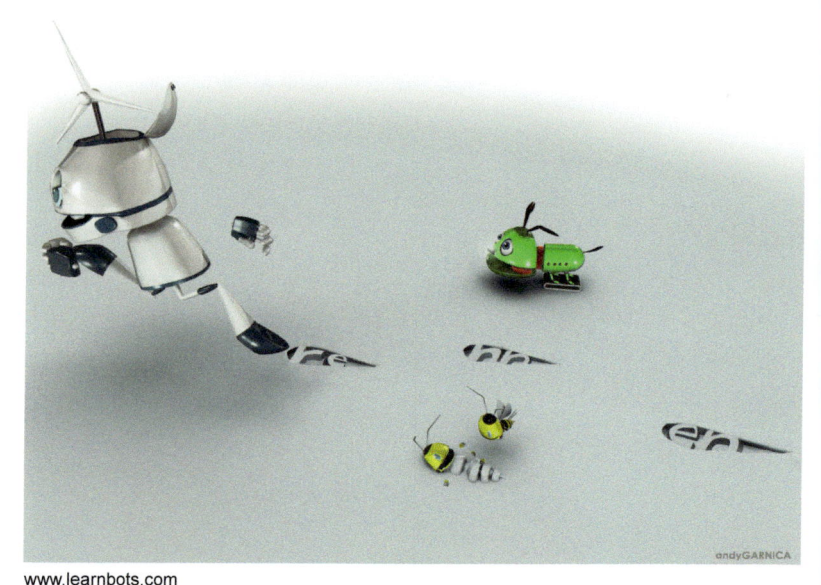

	Present Simple	Past Simple	Present Perfect	Past Perfect	Future Simple	Conditional
Ik	ren	rende	heb gerend	had gerend	zal rennen	zou rennen
Jij u	rent	rende	hebt gerend	had gerend	zult rennen	zou rennen
Hij / zij	rent	rende	heeft gerend	had gerend	zal rennen	zou rennen
Wij	rennen	renden	hebben gerend	hadden gerend	zullen rennen	zouden rennen
Jullie	rennen	renden	hebben gerend	hadden gerend	zullen rennen	zouden rennen
Zij	rennen	renden	hebben gerend	hadden gerend	zullen rennen	zouden rennen

www.learnbots.com

to scream — schreeuwen

	Present Simple	Past Simple	Present Perfect	Past Perfect	Future Simple	Conditional
Ik	schreeuw	schreeuwde	heb geschreeuwd	had geschreeuwd	zal schreeuwen	zou schreeuwen
Jij u	schreeuwt	schreeuwde	hebt geschreeuwd	had geschreeuwd	zult schreeuwen	zou schreeuwen
Hij / zij	schreeuwt	schreeuwde	heeft geschreeuwd	had geschreeuwd	zal schreeuwen	zou schreeuwen
Wij	schreeuwen	schreeuwden	hebben geschreeuwd	hadden geschreeuwd	zullen schreeuwen	zouden schreeuwen
Jullie	schreeuwen	schreeuwden	hebben geschreeuwd	hadden geschreeuwd	zullen schreeuwen	zouden schreeuwen
Zij	schreeuwen	schreeuwden	hebben geschreeuwd	hadden geschreeuwd	zullen schreeuwen	zouden schreeuwen

www.learnbots.com

to search — zoeken

	Present Simple	Past Simple	Present Perfect	Past Perfect	Future Simple	Conditional
Ik	zoek	zocht	heb gezocht	had gezocht	zal zoeken	zou zoeken
Jij u	zoekt	zocht	hebt gezocht	had gezocht	zult zoeken	zou zoeken
Hij / zij	zoekt	zocht	heeft gezocht	had gezocht	zal zoeken	zou zoeken
Wij	zoeken	zochten	hebben gezocht	hadden gezocht	zullen zoeken	zouden zoeken
Jullie	zoeken	zochten	hebben gezocht	hadden gezocht	zullen zoeken	zouden zoeken
Zij	zoeken	zochten	hebben gezocht	hadden gezocht	zullen zoeken	zouden zoeken

to see — zien

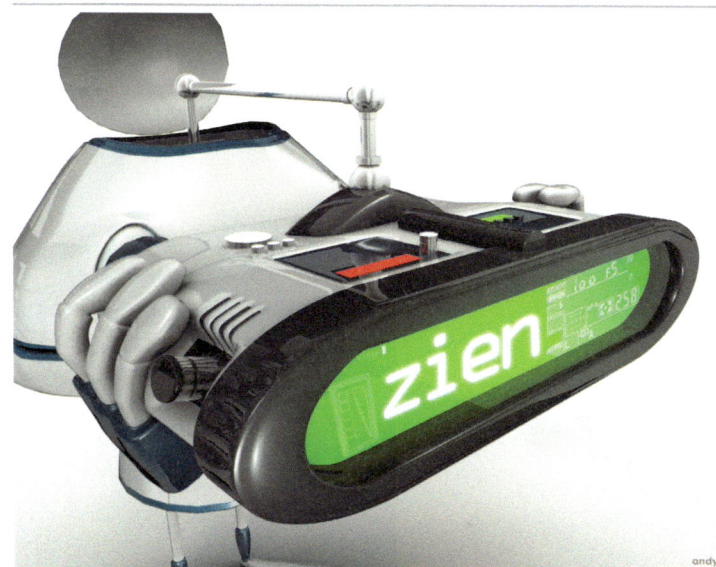

	Present Simple	Past Simple	Present Perfect	Past Perfect	Future Simple	Conditional
Ik	zie	zag	heb gezien	had gezien	zal zien	zou zien
Jij u	ziet	zag	hebt gezien	had gezien	zult zien	zou zien
Hij / zij	ziet	zag	heeft gezien	had gezien	zal zien	zou zien
Wij	zien	zagen	hebben gezien	hadden gezien	zullen zien	zouden zien
Jullie	zien	zagen	hebben gezien	hadden gezien	zullen zien	zouden zien
Zij	zien	zagen	hebben gezien	hadden gezien	zullen zien	zouden zien

www.learnbots.com

to separate — scheiden

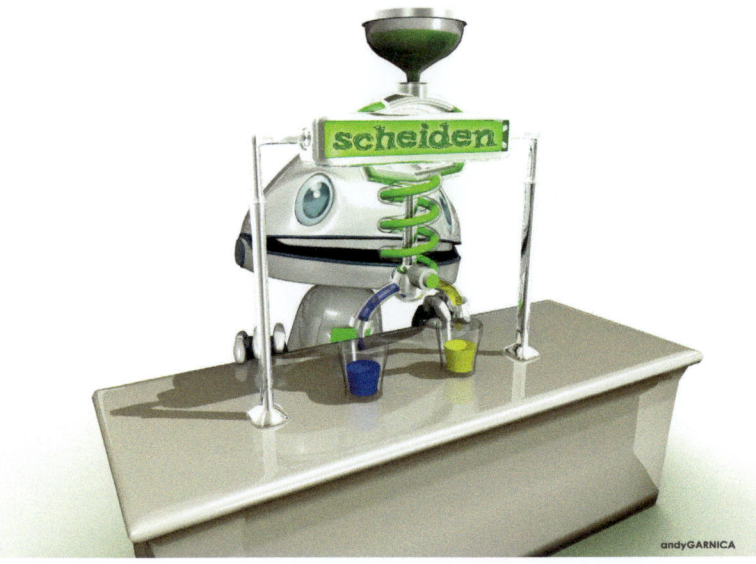

www.learnbots.com

	Present Simple	Past Simple	Present Perfect	Past Perfect	Future Simple	Conditional
Ik	scheid	scheidde	heb gescheiden	had gescheiden	zal scheiden	zou scheiden
Jij u	scheidt	scheidde	hebt gescheiden	had gescheiden	zult scheiden	zou scheiden
Hij / zij	scheidt	scheidde	heeft gescheiden	had gescheiden	zal scheiden	zou scheiden
Wij	scheiden	scheidden	hebben gescheiden	hadden gescheiden	zullen scheiden	zouden scheiden
Jullie	scheiden	scheidden	hebben gescheiden	hadden gescheiden	zullen scheiden	zouden scheiden
Zij	scheiden	scheidden	hebben gescheiden	hadden gescheiden	zullen scheiden	zouden scheiden

to show / tonen

	Present Simple	Past Simple	Present Perfect	Past Perfect	Future Simple	Conditional
Ik	toon	toonde	heb getoond	had getoond	zal tonen	zou tonen
Jij u	toont	toonde	hebt getoond	had getoond	zult tonen	zou tonen
Hij / zij	toont	toonde	heeft getoond	had getoond	zal tonen	zou tonen
Wij	tonen	toonden	hebben getoond	hadden getoond	zullen tonen	zouden tonen
Jullie	tonen	toonden	hebben getoond	hadden getoond	zullen tonen	zouden tonen
Zij	tonen	toonden	hebben getoond	hadden getoond	zullen tonen	zouden tonen

to shower — douchen

	Present Simple	Past Simple	Present Perfect	Past Perfect	Future Simple	Conditional
Ik	douch	douchte	heb gedoucht	had gedoucht	zal douchen	zou douchen
Jij u	doucht	douchte	hebt gedoucht	had gedoucht	zult douchen	zou douchen
Hij / zij	doucht	douchte	heeft gedoucht	had gedoucht	zal douchen	zou douchen
Wij	douchen	douchten	hebben gedoucht	hadden gedoucht	zullen douchen	zouden douchen
Jullie	douchen	douchten	hebben gedoucht	hadden gedoucht	zullen douchen	zouden douchen
Zij	douchten	douchten	hebben gedoucht	hadden gedoucht	zullen douchen	zouden douchen

to sing — zingen

www.learnbots.com

	Present Simple	Past Simple	Present Perfect	Past Perfect	Future Simple	Conditional
Ik	zing	zong	heb gezongen	had gezongen	zal zingen	zou zingen
Jij u	zingt	zong	hebt gezongen	had gezongen	zult zingen	zou zingen
Hij / zij	zingt	zong	heeft gezongen	had gezongen	zal zingen	zou zingen
Wij	zingen	zongen	hebben gezongen	hadden gezongen	zullen zingen	zouden zingen
Jullie	zingen	zongen	hebben gezongen	hadden gezongen	zullen zingen	zouden zingen
Zij	zingen	zongen	hebben gezongen	hadden gezongen	zullen zingen	zouden zingen

to sit — zitten

	Present Simple	Past Simple	Present Perfect	Past Perfect	Future Simple	Conditional
Ik	zit	zat	heb gezeten	had gezeten	zal zitten	zou zitten
Jij u	zit	zat	hebt gezeten	had gezeten	zult zitten	zou zitten
Hij / zij	zit	zat	heeft gezeten	had gezeten	zal zitten	zou zitten
Wij	zitten	zaten	hebben gezeten	hadden gezeten	zullen zitten	zouden zitten
Jullie	zitten	zaten	hebben gezeten	hadden gezeten	zullen zitten	zouden zitten
Zij	zitten	zaten	hebben gezeten	hadden gezeten	zullen zitten	zouden zitten

to sleep — slapen

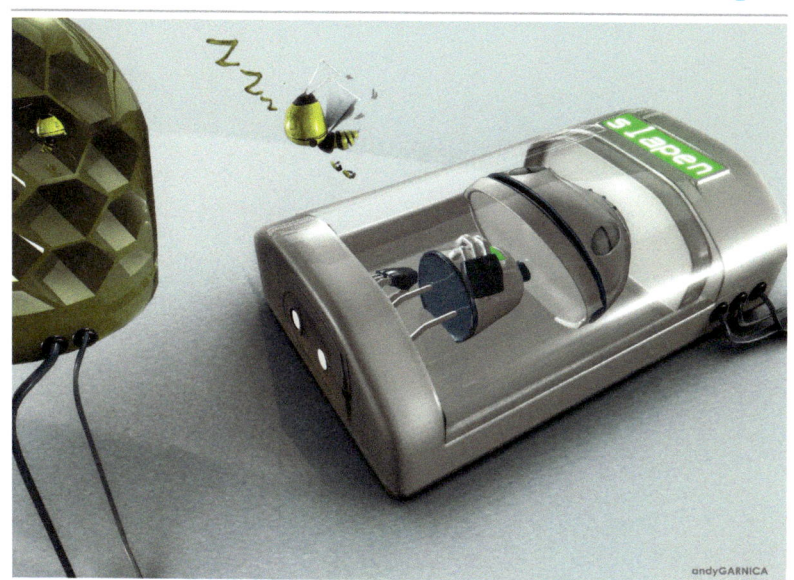

www.learnbots.com

	Present Simple	Past Simple	Present Perfect	Past Perfect	Future Simple	Conditional
Ik	slaap	sliep	heb geslapen	had geslapen	zou slapen	zou slapen
Jij u	slaapt	sliep	hebt geslapen	had geslapen	zou slapen	zou slapen
Hij / zij	slaapt	sliep	heeft geslapen	had geslapen	zou slapen	zou slapen
Wij	slapen	sliepen	hebben geslapen	hadden geslapen	zouden slapen	zouden slapen
Jullie	slapen	sliepen	hebben geslapen	hadden geslapen	zouden slapen	zouden slapen
Zij	slapen	sliepen	hebben geslapen	hadden geslapen	zouden slapen	zouden slapen

to start — beginnen

www.learnbots.com

	Present Simple	Past Simple	Present Perfect	Past Perfect	Future Simple	Conditional
Ik	begin	begon	ben begonnen	was begonnen	zal beginnen	zou beginnen
Jij u	begint	begon	bent begonnen	was begonnen	zult beginnen	zou beginnen
Hij / zij	begint	begon	is begonnen	was begonnen	zal beginnen	zou beginnen
Wij	beginnen	begonnen	zijn begonnen	waren begonnen	zullen beginnen	zouden beginnen
Jullie	beginnen	begonnen	zijn begonnen	waren begonnen	zullen beginnen	zouden beginnen
Zij	beginnen	begonnen	zijn begonnen	waren begonnen	zullen beginnen	zouden beginnen

to stop — stoppen

	Present Simple	Past Simple	Present Perfect	Past Perfect	Future Simple	Conditional
Ik	stop	stopte	ben gestopt	was gestopt	zal stoppen	zou stoppen
Jij u	stopt	stopte	bent gestopt	was gestopt	zult stoppen	zou stoppen
Hij / zij	stopt	stopte	is gestopt	was gestopt	zal stoppen	zou stoppen
Wij	stoppen	stopten	zijn gestopt	waren gestopt	zullen stoppen	zouden stoppen
Jullie	stoppen	stopten	zijn gestopt	waren gestopt	zullen stoppen	zouden stoppen
Zij	stoppen	stopten	zijn gestopt	waren gestopt	zullen stoppen	zouden stoppen

www.learnbots.com

to stroll — wandelen

	Present Simple	Past Simple	Present Perfect	Past Perfect	Future Simple	Conditional
Ik	wandel	wandelde	heb gewandeld	had gewandeld	zal wandelen	zou wandelen
Jij u	wandelt	wandelde	hebt gewandeld	had gewandeld	zult wandelen	zou wandelen
Hij / zij	wandelt	wandelde	heeft gewandeld	had gewandeld	zal wandelen	zou wandelen
Wij	wandelen	wandelden	hebben gewandeld	hadden gewandeld	zullen wandelen	zouden wandelen
Jullie	wandelen	wandelden	hebben gewandeld	hadden gewandeld	zullen wandelen	zouden wandelen
Zij	wandelen	wandelden	hebben gewandeld	hadden gewandeld	zullen wandelen	zouden wandelen

to study — studeren

	Present Simple	Past Simple	Present Perfect	Past Perfect	Future Simple	Conditional
Ik	studeer	studeerde	heb gestudeerd	had gestudeerd	zal studeren	zou studeren
Jij u	studeert	studeerde	hebt gestudeerd	had gestudeerd	zal studeren	zou studeren
Hij / zij	studeert	studeerde	heeft gestudeerd	had gestudeerd	zal studeren	zou studeren
Wij	studeren	studeerden	hebben gestudeerd	hadden gestudeerd	zullen studeren	zouden studeren
Jullie	studeren	studeerden	hebben gestudeerd	hadden gestudeerd	zullen studeren	zouden studeren
Zij	studeren	studeerden	hebben gestudeerd	hadden gestudeerd	zullen studeren	zouden studeren

www.learnbots.com

to swim — zwemmen

	Present Simple	Past Simple	Present Perfect	Past Perfect	Future Simple	Conditional
Ik	zwem	zwom	heb gezwommen	had gezwommen	zal zwemmen	zou zwemmen
Jij u	zwemt	zwom	hebt gezwommen	had gezwommen	zult zwemmen	zou zwemmen
Hij / zij	zwemt	zwom	heeft gezwommen	had gezwommen	zal zwemmen	zou zwemmen
Wij	zwemmen	zwommen	hebben gezwommen	hadden gezwommen	zullen zwemmen	zouden zwemmen
Jullie	zwemmen	zwommen	hebben gezwommen	hadden gezwommen	zullen zwemmen	zouden zwemmen
Zij	zwemmen	zwommen	hebben gezwommen	hadden gezwommen	zullen zwemmen	zouden zwemmen

www.learnbots.com

to talk — praten

www.learnbots.com

	Present Simple	Past Simple	Present Perfect	Past Perfect	Future Simple	Conditional
Ik	praat	praatte	heb gepraat	had gepraat	zal praten	zou praten
Jij u	praat	praatte	hebt gepraat	had gepraat	zult praten	zou praten
Hij / zij	praat	praatte	heeft gepraat	had gepraat	zal praten	zou praten
Wij	praten	praatten	hebben gepraat	hadden gepraat	zullen praten	zouden praten
Jullie	praten	praatten	hebben gepraat	hadden gepraat	zullen praten	zouden praten
Zij	praten	praatten	hebben gepraat	hadden gepraat	zullen praten	zouden praten

to taste — smaken

	Present Simple	Past Simple	Present Perfect	Past Perfect	Future Simple	Conditional
Ik						
Jij u						
Hij / zij	smaakt	smaakte	heeft gesmaakt	had gesmaakt	zal smaken	zou smaken
Wij						
Jullie						
Zij						

to test   **evalueren**

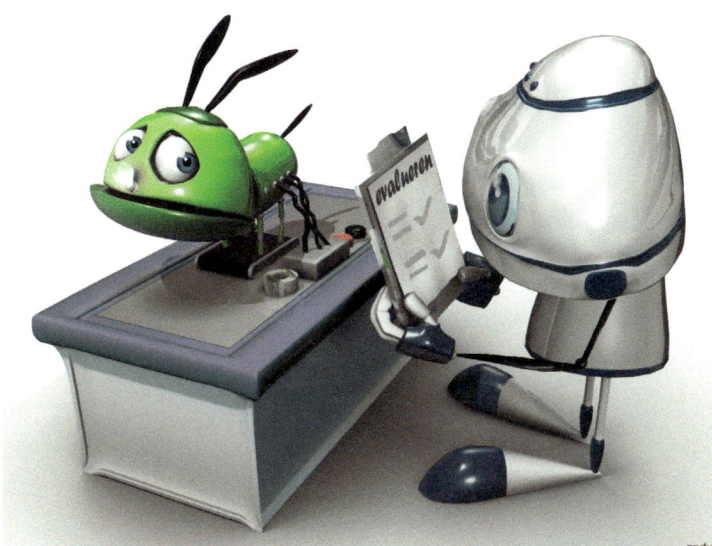

	Present Simple	Past Simple	Present Perfect	Past Perfect	Future Simple	Conditional
Ik	evalueer	evalueerde	heb geëvalueerd	had geëvalueerd	zal evalueren	zou evalueren
Jij u	evalueert	evalueerde	hebt geëvalueerd	had geëvalueerd	zult evalueren	zou evalueren
Hij / zij	evalueert	evalueerde	heeft geëvalueerd	had geëvalueerd	zal evalueren	zou evalueren
Wij	evalueren	evalueerden	hebben geëvalueerd	hadden geëvalueerd	zullen evalueren	zouden evalueren
Jullie	evalueren	evalueerden	hebben geëvalueerd	hadden geëvalueerd	zullen evalueren	zouden evalueren
Zij	evalueren	evalueerden	hebben geëvalueerd	hadden geëvalueerd	zullen evalueren	zouden evalueren

to think — denken

www.learnbots.com

	Present Simple	Past Simple	Present Perfect	Past Perfect	Future Simple	Conditional
Ik	denk	dacht	heb gedacht	had gedacht	zal denken	zou denken
Jij u	denkt	dacht	hebt gedacht	had gedacht	zult denken	zou denken
Hij / zij	denkt	dacht	heeft gedacht	had gedacht	zal denken	zou denken
Wij	denken	dachten	hebben gedacht	hadden gedacht	zullen denken	zouden denken
Jullie	denken	dachten	hebben gedacht	hadden gedacht	zullen denken	zouden denken
Zij	denken	dachten	hebben gedacht	hadden gedacht	zullen denken	zouden denken

to travel — reizen

www.learnbots.com

	Present Simple	Past Simple	Present Perfect	Past Perfect	Future Simple	Conditional
Ik	reis	reisde	heb gereisd	had gereisd	zal reizen	zou reizen
Jij u	reist	reisde	hebt gereisd	had gereisd	zult reizen	zou reizen
Hij / zij	reist	reisde	heeft gereisd	had gereisd	zal reizen	zou reizen
Wij	reizen	reisden	hebben gereisd	hadden gereisd	zullen reizen	zouden reizen
Jullie	reizen	reisden	hebben gereisd	hadden gereisd	zullen reizen	zouden reizen
Zij	reizen	reisden	hebben gereisd	hadden gereisd	zullen reizen	zouden reizen

to trip — struikelen

	Present Simple	Past Simple	Present Perfect	Past Perfect	Future Simple	Conditional
Ik	struikel	struikelde	ben gestruikeld	was gestruikeld	zal struikelen	zou struikelen
Jij u	struikelt	struikelde	bent gestruikeld	was gestruikeld	zult struikelen	zou struikelen
Hij / zij	struikelt	struikelde	is gestruikeld	was gestruikeld	zal struikelen	zou struikelen
Wij	struikelen	struikelden	zijn gestruikeld	waren gestruikeld	zullen struikelen	zouden struikelen
Jullie	struikelen	struikelden	zijn gestruikeld	waren gestruikeld	zullen struikelen	zouden struikelen
Zij	struikelen	struikelden	zijn gestruikeld	waren gestruikeld	zullen struikelen	zouden struikelen

to turn — draaien

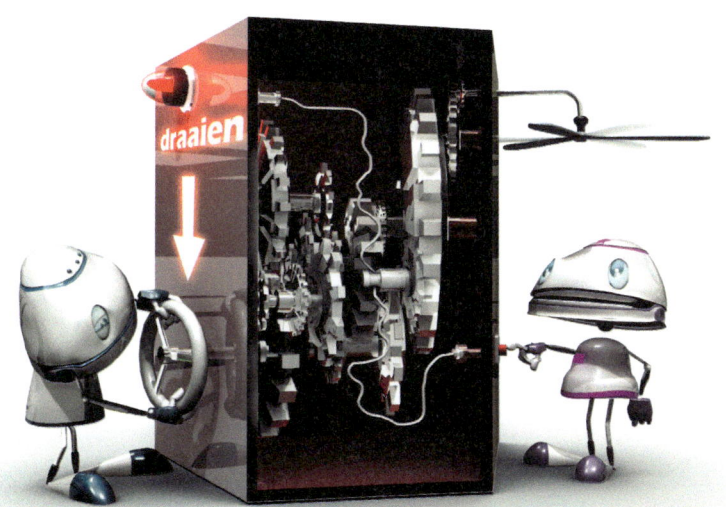

	Present Simple	Past Simple	Present Perfect	Past Perfect	Future Simple	Conditional
Ik	draai	draaide	heb gedraaid	had gedraaid	zal draaien	zou draaien
Jij u	draait	draaide	hebt gedraaid	had gedraaid	zult draaien	zou draaien
Hij / zij	draait	draaide	heeft gedraaid	had gedraaid	zal draaien	zou draaien
Wij	draaien	draaiden	hebben gedraaid	hadden gedraaid	zullen draaien	zou draaien
Jullie	draaien	draaiden	hebben gedraaid	hadden gedraaid	zullen draaien	zou draaien
Zij	draaien	draaiden	hebben gedraaid	hadden gedraaid	zullen draaien	zou draaien

www.learnbots.com

to wait   wachten

	Present Simple	Past Simple	Present Perfect	Past Perfect	Future Simple	Conditional
Ik	wacht	wachtte	heb gewacht	had gewacht	zal wachten	zou wachten
Jij u	wacht	wachtte	hebt gewacht	had gewacht	zult wachten	zou wachten
Hij / zij	wacht	wachtte	heeft gewacht	had gewacht	zal wachten	zou wachten
Wij	wachten	wachtten	hebben gewacht	hadden gewacht	zullen wachten	zouden wachten
Jullie	wachten	wachtten	hebben gewacht	hadden gewacht	zullen wachten	zouden wachten
Zij	wachten	wachtten	hebben gewacht	hadden gewacht	zullen wachten	zouden wachten

www.learnbots.com

to wake up — wakker worden

www.learnbots.com

	Present Simple	Past Simple	Present Perfect	Past Perfect	Future Simple	Conditional
Ik	word wakker	werd wakker	ben wakker geworden	was wakker geworden	zal wakker worden	zou wakker worden
Jij u	word wakker	werd wakker	bent wakker geworden	was wakker geworden	zult wakker worden	zou wakker worden
Hij / zij	word wakker	werd wakker	is wakker geworden	was wakker geworden	zal wakker worden	zou wakker worden
Wij	worden wakker	werden wakker	zijn wakker geworden	waren wakker geworden	zullen wakker worden	zou wakker worden
Jullie	worden wakker	werden wakker	zijn wakker geworden	waren wakker geworden	zullen wakker worden	zouden wakker worden
Zij	worden wakker	werden wakker	zijn wakker geworden	waren wakker geworden	zullen wakker worden	zouden wakker worden

to walk — lopen

www.learnbots.com

	Present Simple	Past Simple	Present Perfect	Past Perfect	Future Simple	Conditional
Ik	loop	liep	heb gelopen	had gelopen	zal lopen	zou lopen
Jij u	loopt	liep	hebt gelopen	had gelopen	zult lopen	zou lopen
Hij / zij	loopt	liep	heeft gelopen	had gelopen	zal lopen	zou lopen
Wij	lopen	liepen	hebben gelopen	hadden gelopen	zullen lopen	zouden lopen
Jullie	lopen	liepen	hebben gelopen	hadden gelopen	zullen lopen	zouden lopen
Zij	lopen	liepen	hebben gelopen	hadden gelopen	zullen lopen	zouden lopen

to want — willen

	Present Simple	Past Simple	Present Perfect	Past Perfect	Future Simple	Conditional
Ik	wil	wilde	heb gewild	had gewild	zal willen	zou willen
Jij u	wilt	wilde	hebt gewild	had gewild	zult willen	zou willen
Hij / zij	wil	wilde	heeft gewild	had gewild	zal willen	zou willen
Wij	willen	wilden	hebben gewild	hadden gewild	zullen willen	zouden willen
Jullie	willen	wilden	hebben gewild	hadden gewild	zullen willen	zouden willen
Zij	willen	wilden	hebben gewild	hadden gewild	zullen willen	zouden willen

to wave — zwaaien

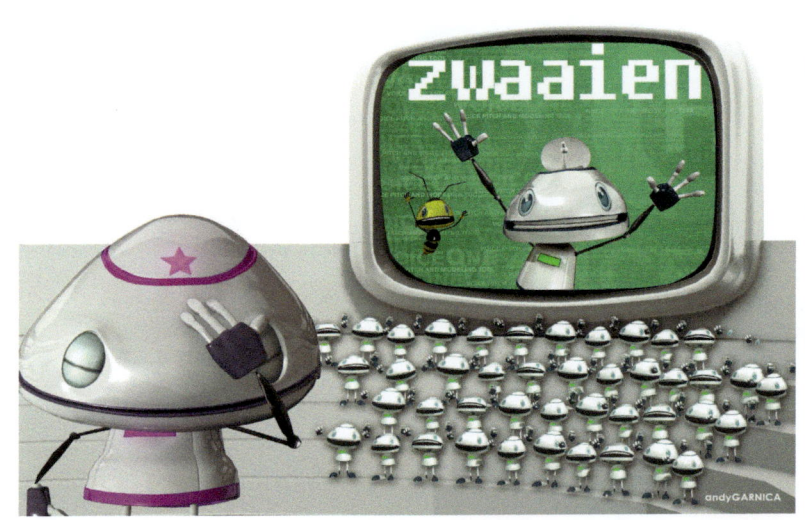

www.learnbots.com

	Present Simple	Past Simple	Present Perfect	Past Perfect	Future Simple	Conditional
Ik	zwaai	zwaaide	heb gezwaaid	had gezwaaid	zal zwaaien	zou zwaaien
Jij u	zwaait	zwaaide	hebt gezwaaid	had gezwaaid	zult zwaaien	zou zwaaien
Hij / zij	zwaait	zwaaide	heeft gezwaaid	had gezwaaid	zal zwaaien	zou zwaaien
Wij	zwaaien	zwaaiden	hebben gezwaaid	hadden gezwaaid	zullen zwaaien	zouden zwaaien
Jullie	zwaaien	zwaaiden	hebben gezwaaid	hadden gezwaaid	zullen zwaaien	zouden zwaaien
Zij	zwaaien	zwaaiden	hebben gezwaaid	hadden gezwaaid	zullen zwaaien	zouden zwaaien

to watch — bewaken

	Present Simple	Past Simple	Present Perfect	Past Perfect	Future Simple	Conditional
Ik	bewaak	bewaakte	heb bewaakt	had bewaakt	zal bewaken	zou bewaken
Jij u	bewaakt	bewaakte	hebt bewaakt	had bewaakt	zult bewaken	zou bewaken
Hij / zij	bewaakt	bewaakte	heeft bewaakt	had bewaakt	zal bewaken	zou bewaken
Wij	bewaken	bewaakten	hebben bewaakt	hadden bewaakt	zullen bewaken	zouden bewaken
Jullie	bewaken	bewaakten	hebben bewaakt	hadden bewaakt	zullen bewaken	zouden bewaken
Zij	bewaken	bewaakten	hebben bewaakt	hadden bewaakt	zullen bewaken	zouden bewaken

www.learnbots.com

to win / winnen

	Present Simple	Past Simple	Present Perfect	Past Perfect	Future Simple	Conditional
Ik	win	won	heb gewonnen	had gewonnen	zal winnen	zou winnen
Jij u	wint	won	hebt gewonnen	had gewonnen	zult winnen	zou winnen
Hij / zij	wint	won	heeft gewonnen	had gewonnen	zal winnen	zou winnen
Wij	winnen	wonnen	hebben gewonnen	hadden gewonnen	zullen winnen	zouden winnen
Jullie	winnen	wonnen	hebben gewonnen	hadden gewonnen	zullen winnen	zouden winnen
Zij	winnen	wonnen	hebben gewonnen	hadden gewonnen	zullen winnen	zouden winnen

to write — schrijven

	Present Simple	Past Simple	Present Perfect	Past Perfect	Future Simple	Conditional
Ik	schrijf	schreef	heb geschreven	had geschreven	zal schrijven	zou schrijven
Jij u	schrijft	schreef	hebt geschreven	had geschreven	zult schrijven	zou schrijven
Hij / zij	schrijft	schreef	heeft geschreven	had geschreven	zal schrijven	zou schrijven
Wij	schrijven	schreven	hebben geschreven	hadden geschreven	zullen schrijven	zouden schrijven
Jullie	schrijven	schreven	hebben geschreven	hadden geschreven	zullen schrijven	zouden schrijven
Zij	schrijven	schreven	hebben geschreven	hadden geschreven	zullen schrijven	zouden schrijven

www.learnbots.com

Index

English

to arrest	1
to arrive	2
to ask (for)	3
to be	4
to be	5
to be able	6
to be quiet	7
to bring	8
to build	9
to buy	10
to call	11
to carry	12
to change	13
to clean	14
to close	15
to comb	16
to come	17
to cook	18
to count	19
to crash	20
to create	21
to cut	22
to dance	23
to decide	24
to direct	25
to dream	26
to drink	27
to drive	28
to eat	29
to enter	30
to fall	31
to fight	32
to find	33
to finish	34
to follow	35
to forbid	36
to forget	37
to get dressed	38
to get married	39
to give	40
to go	41
to go down	42
to go out	43
to grow	44
to have	45
to hear	46
to jump	47
to kick	48
to kiss	49
to know	50
to learn	51
to lie	52
to light	53
to lose	54
to love	55
to make	56
to open	57
to organise	58
to paint	59
to pay	60
to play	61
to polish	62
to put	63
to quit	64
to rain	65
to read	66
to receive	67
to record	68
to remember	69
to repair	70
to return	71
to run	72
to scream	73
to search	74
to see	75
to separate	76
to show	77
to shower	78
to sing	79
to sit	80
to sleep	81
to start	82
to stop	83
to stroll	84
to study	85
to swim	86
to talk	87
to taste	88
to test	89
to think	90
to travel	91
to trip	92
to turn	93
to wait	94
to wake up	95
to walk	96
to want	97
to wave	98
to watch	99
to win	100
to write	101

Index

Dutch

Aankomen	2
Aansteken	53
Arresteren	1
Beginnen	82
Beslissen	24
Betalen	60
Bewaken	99
Bouwen	9
Brengen	8
Creëren	21
Dansen	23
Denken	90
Douchen	78
Draaien	93
Dragen	12
Drinken	27
Dromen	26
Eten	29
Evalueren	89
Finishen	34
Gaan	41
Geven	40
Groeien	44
Hebben	45
Horen	46
Houden van	55
Inzetten	63
Kammen	16
Knippen	22
Koken	18
Komen	17
Kopen	10
Kunnen	6
Kussen	49
Leren	51
Lezen	66
Liegen	52
Lopen	96
Maken	56
Naar beneden gaan	42
Naar binnen gaan	30
Neerstorten	20
Ontvangen	67
Openen	57
Ophouden	64
Opnemen	68
Ordenen	58
Poetsen	62
Praten	87
Regenen	65
Regisseren	25
Reizen	91
Rennen	72
Repareren	70
Rijden	28
Roepen	11
Scheiden	76
Schilderen	59
Schoonmaken	14
Schoppen	48
Schreeuwen	73
Schrijven	101
Slapen	81
Sluiten	15
Smaken	88
Spelen	61
Springen	47
Stoppen	83
Struikelen	92
Studeren	85
Tellen	19
Terugkomen	71
Tonen	77
Trouwen	39
Uitgaan	43
Vallen	31
Vechten	32
Verbieden	36
Vergeten	37
Verliezen	54
Vinden	33
Volgen	35
Vragen	3
Wachten	94
Wakker worden	95
Wandelen	84
Weten	50
Willen	97
Winnen	100
Wisselen	13
Zich aankleden	38
Zich herinneren	69
Zien	75
Zijn	4
Zijn (2)	5
Zingen	79
Zitten	80
Zoeken	74
Zwaaien	98
Zwemmen	86
Zwijgen	7

The LearnBots series

978-1908869-340	LEARN 101 JAPANESE VERBS IN 1 DAY
978-1908869-401	LEARN 101 SPANISH VERBS IN 1 DAY
978-1908869-302	LEARN 101 SLOVAK VERBS IN 1 DAY
978-1908869-265	LEARN 101 WELSH VERBS IN 1 DAY
978-1908869-449	LEARN 101 ENGLISH VERBS IN 1 DAY
978-1908869-500	LEARN 101 SWEDISH VERBS IN 1 DAY
978-1908869-425	LEARN 101 FRENCH VERBS IN 1 DAY
978-1908869-517	LEARN 101 POLISH VERBS IN 1 DAY
978-1908869-319	LEARN 101 DANISH VERBS IN 1 DAY
978-1908869-371	LEARN 101 GALICIAN VERBS IN 1 DAY
978-1908869-395	LEARN 101 JERRIAIS VERBS IN 1 DAY
978-1908869-418	LEARN 101 CATALAN VERBS IN 1 DAY
978-1908869-432	LEARN 101 CHINESE VERBS IN 1 DAY
978-1908869-289	LEARN 101 ROMANIAN VERBS IN 1 DAY
978-1908869-296	LEARN 101 RUSSIAN VERBS IN 1 DAY
978-1908869-470	LEARN 101 GREEK VERBS IN 1 DAY
978-1908869-494	LEARN 101 PORTUGUESE VERBS IN 1 DAY
978-1908869-272	LEARN 101 NORWEGIAN VERBS IN 1 DAY
978-1908869-364	LEARN 101 ITALIAN VERBS IN 1 DAY
978-1908869-456	LEARN 101 SCOTTISH VERBS IN 1 DAY
978-1908869-388	LEARN 101 VALENCIAN VERBS IN 1 DAY
978-1908869-357	LEARN 101 ARABIC VERBS IN 1 DAY
978-1908869-326	LEARN 101 FINNISH VERBS IN 1 DAY
978-1908869-333	LEARN 101 ESPERANTO VERBS IN 1 DAY
978-1908869-463	LEARN 101 GERMAN VERBS IN 1 DAY
978-1908869-487	LEARN 101 DUTCH VERBS IN 1 DAY